# 리더십,
# 문을 열다

# 리더십, 문을 열다

**초판 1쇄 인쇄** 2020년 8월 19일
**초판 5쇄 인쇄** 2022년 12월 24일

**지은이** 이창준
**펴낸이** 최익성
**기획** 임정혁
**편집** 송준기
**마케팅** 임동건, 임주성, 홍국주
**마케팅 지원** 황예지, 신원기, 박주현
**경영지원** 이순미, 신현아
**펴낸곳** 플랜비디자인
**디자인** ALL designgroup

**출판등록** 제2016-000001호
**주소** 경기도 화성시 동탄첨단산업1로 27 동탄IX타워
**전화** 031-8050-0508 **팩스** 02-2179-8994
**이메일** planb.main@gmail.com

이 도서의 국립중앙도서관 출판예정도서목록(CIP)은 서지정보유통지원시스템 홈페이지
(http://seoji.nl.go.kr)와 국가자료종합목록 구축시스템(http://kolis-net.nl.go.kr)에서 이용하실 수 있습니다.
(CIP제어번호 : CIP2020033435)

# 리더십,
# 문을 열다

## 대한민국 리더들이 묻다

이창준 지음

 플랜비디자인

# 리더십 문을 열다

윤정구
(사)한국조직경영개발학회 학회장, 이화여자대학교 경영학과 교수

리더십의 문제는 한마디로 변화다. 아무리 뛰어난 리더십 스킬로 무장을 했어도 이 스킬을 이용해 변화를 만들어내지 못한다면 리더라고 할 수 없다. 본 저서는 리더가 되기로 선택한 사람들이 직면한 근원적 변화에 관한 이슈를 다루고 있다.

리더는 변화를 선도하기 위해 아포리아의 감옥에서 자신과 구성원을 탈출하도록 돕고, 길을 찾아 헤매는 디아스포라 과정을 통해 미래를 향한 새로운 길을 만들어내는 사람들이다. 이를 위해 리더에게 필요한 것은 자신이 감옥에 갇혀있음을 제대로 인식할 수 있는 성찰적 안목이다. 저자는 아포리아의 감옥에서 탈출하지 못하고 죽을 운명에 처해 있는 리더들에게 이 감옥이 점진적 죽음이라는 사실을 받아들이고 여기에서 탈출할 것을 촉구한다. 그리고 저자는 탈출과 동시 새로운 미래를 향한 디아스포라의 여정에 필요한 것은, 불확실성에 맞서 자신을 던질

수 있는 용기임을 지적한다. 또 디아스포라에서도 길을 잃지 않는 이유가 목적에 대한 진정성과, 함께 동참한 사람들이 가진 성장에 대한 아픔을 자신의 아픔으로 내재화해 해결하려는 긍휼 때문이라고 설파한다. 이 책은 목적, 진정성, 긍휼과 같은 원리가 21세기 리더의 여정에서 어떻게 등대와 같은 역할을 하는지를 설득력 있게 소구하고 있다.

아포리아에서 벗어난다는 것은 리더십에 대한 자기 정체성에 질문을 던지는 것이다. 본 저서는 리더의 영웅적 여정에서 직면하게 되는 다양한 질문들을 던진다. 이 질문은 '굳이 리더가 되어야 하는가?'라는 질문부터 '리더의 역할은 무엇인가?', '리더는 항상 이타적이어야 하는가?', '사람들을 어떻게 내편으로 만들어야 하는가?', '소통, 설득, 성과, 변화는 어떻게 하는가?' 등의 현실적 질문에 이르기까지 광범위하다. 하지만 이 모든 질문은 한마디로 리더가 어떻게 정치적 관리자에서 진성리더(authentic leader)로 전환하여 약속한 변화를 실현하는지의 문제라고 할 수 있다. 즉 자신의 존재우위를 구현하는 약속의 실현을 통해 변화를 달성하는지의 문제이다. 그럴 수 있을 때 구성원들은 진실을 체험하고 리더의 진정성을 확인한다.

본 저서에는 수많은 리더들을 만나 이들과 같이 성찰한 사람만이 제기할 수 있는 리더십에 대한 근원적 질문과, 그 질문에 대한 나름의 실천 가능한 답이 제시되어 있다. 리더가 되기를 선택하고 이 리더십 여정에서 길을 잃어본 리더라면 반드시 읽어보아야 할 필독서이다. 분명 여러 차례 무릎을 치는 영감을 얻을 수 있을 것이다. 또한 이 책에는 근 30년 가까이 오직 리더십 개발에만 집중해 온 저자의 내공이 고스란히 담겨 있다. 리더십의 최고봉에 있는 사람들만이 답할 수 있는 리더십에 대한 근원적 지혜가 담겨있다. 이 책을 통해 대한민국의 리더들이 스킬 중심의 미시적 리더십에서 벗어나, 미래의 변화를 이끌어낼 수 있는 진성리더로의 새로운 문을 발견할 수 있었으면 한다. 그래서 삶의 목적을 각성하고, 그 목적으로 자신과 구성원들을 임파워먼트시키며, 목적을 실현하는 근원적 변화로 진실을 마주하는 자유를 맛보기를 기원한다. 이 책과 함께 조직과 자신의 미래를 위해 족적을 남기는 리더십 행보를 시작할 수 있기를 기대한다.

# contents

# 04 리더십의 발현

지혜와 통찰

## 05 리더의 성장

개발과 도약

# 우리시대 리더들을 위한 변명

## 1

저는 우리나라 기업의 수많은 중간관리자들을 가까이서 만나왔습니다. 거의 매일 그들의 볼멘소리를 들었습니다. 이중 가장 흔히 듣는 말의 첫 번째는 이것입니다.

"시간이 없어요. 회사는 기다려주지 않아요."

이 말이 단순한 투정이 아니라 어떤 진실을 품고 있다면, 조직은 이들을 당장의 성과를 낳는 기계, 충직한 수족으로 간주한다는 뜻일 것입니다. 혹 이런 생각을 가진 경영자가 있다면 리더를 육성하는 전략은 단순합니다. 대단위 인원을, 즉각 활용할 수 있는 스킬로, 그것도 단박에 가르치는 것입니다. 이런 방식으로 훈련된 관리자들은 미지의 불확실성을 헤쳐나갈 수 있는 내적 힘이 애초에 축적될 리 없습니다. 그래서 그들은 다시 이렇게 말합니다.

"제가 할 수 있는 일이 아닙니다. 윗분들이 해야 할 일이죠."

자신은 문제해결의 주체자가 아니라는 고백, 스스로는 대안을 가질 수 없다는 선언. 그래서 이 무기력이 반복되면 다시 이렇게 말하게 되죠.

"별 수 없죠. 다 그런 거 아닌가요?"

눈과 귀를 닫고 그냥 오래 버티는 것이 최고의 방책임을 배운 것입니다. 현실에 맞설 담대한 이상이 사라지고, 위험을 감수할 용기가 없으며, 실패를 피하려는 불안감이 이들을 적당한 기회주의자로 만든 것입니다. 문제에 맞서고, 세대의 갈등을 뛰어넘으며, 미지의 불확실성을 돌파할 리더들은 다 어디로 간 것일까요? 주체적인 결단이 불가능하고, 상시적인 도태와 퇴출의 불안이 있는 곳이라면 리더는 애시당초 존재할 수 없을 것입니다. 그럼에도 불구하고 그들이 희망이고 용기여야 한다고 말하는 것은 지금 공허한 메아리인지 모릅니다. 또 이 현실을 당장 변혁하는데 앞장서야 한다고 말하는 것도 맹랑하긴 하지만 실효성은 없어 보입니다.

가만보면 직장의 리더들은 대부분은 리더가 되길 원한 적이 없습니다. 리더로 성장하기 위한 적절한 훈련을 받은 적도 거의 없습니다. 정확히 말하면 리더가 되는 일은 하나의 역할일 뿐 '충직한 매니저'를 요구받아왔을 뿐입니다. 전통적인 환경은 현상을 돌파하는 혁신가가 아니라, 빠르게 문제를 해결하고 즉각적인 결과를 만드는 매니저를 필요로 했으니까요. 당연 리더십과 관련한 훈련들은 툴, 기법, 팁, 사례, 도구들을 동원하는 일이었습니다. 제 기억에 의하면 아마도 90년대 초반부터 불어왔던 연수원 건설의 붐은, 그 후로 여러 변화가 있었지만 하드웨어 이외에 크게 달라진 것이 없습니다. 거기에 한동안 글로벌 기업의 학습 콘텐츠와 방법들을 무분별하게 도입하면서, 정작 사람은 어떻게 배우는지, 어떻게 변화하고 성장하는지에 대해 근원적인 질문이 빠져있었습니다. 그 결과였을까요? 새로운 돌파구를 찾아야 하는 지금, 충직한 매니저들은 당혹감과 함께 무능함을 드러내고 말았습니다. 물론 이것은 결코 리더 개인의 책임이 아닙니다.

리더십을 배우고 훈련하는 일은 달라져야 합니다. 신기술과 기법을 운운하며 몇몇 새로운 실용적인 도구와 방법을 적용한다고 해서 가능하지 않습니다. 리더십 개발은 조직의 운명을 밝히고, 담대한 도전을 통해 미래를 열어갈 신념의 전사를 키우는 일입니다. 그렇게 생각하면 고도압축성장 시대를 지배해왔던 생산성과 효율성의 패러다임은 그 효력을 다한 것입니다. 지금은 새로운 길을 찾지 않으면 안 됩니다.

많은 인문학자는 오늘날 우리 사회가 아포리아(aporia)의 상태에 직면해 있다고 진단합니다. 아포리아란 길이 없는 곳에서 새 길을 찾지 않으면 안 되는 혼돈의 시대를 말합니다. 이는 전통적인 메토도스(methods)의 길, 그러니까 잘 닦여진 고속도로를 따라가는 것과는 근본적으로 다른 시대가 도래한 것입니다. 그동안 우리는 선진기업들이 만들어 놓은 메토도스를 따라왔지만 그 메토도스가 끝난 곳에서 지금 아포리아를 마주하고 있습니다. 새로운 미래를 그려낼 사명도, 비전도, 용기도 없다면, 다시 어딘가를 기웃거리거나 지금의 자리를 지탱하기 위해 바둥대야 합니다. 그러나 그것은 더 큰 재앙을 불러올 것입니다. 대신 더욱 근본적인 질문이 필요합니다. '나는 누구인가?', '나는 어디에서 와서 어디로 가려 하는가?' 이 질문은 근원을 묻고 다시 새 길을 여는 주문입니다. 그러므로 체념하기 전에 한 번 더 생각하고, 한 발 더 내딛을 용기를 가져야 하지 않겠습니까?

## 2

리더십을 특정한 역할, 직위, 기술로 이해하는 것은 지나치게 편협한 인식입니다. 리더십은 삶을 살아가는 양식이며 태도입니다. 따라서 리더십은 리더의 역할을 하고 있거나 하려 하는 사람들은 말할 것도 없고, 그렇지 않은 모든 사람들이 마주할 수밖에 없는 삶의 도전입니다. 저는 직업적 인연으로 수많은 리더를 거의 매일같이 만나왔습니다. 저는 장기간 반복적인 리더십 훈련을 통해서 누구보다 가까이서 그들의 애환과 고충을 듣게 되었습니다. 그들은 회사나 직장에서 할 수 없는 이야기를 제 앞에서 쏟아놓았습니다. 그리고 그들이 제게 던진 질문들은 대체로 어떤 한계에 봉착해 소리치는 절규에 가까웠습니다. 그에 대한 어떤 답은 비정한 힘의 논리에 갇혀 밖으로 나올 수 없었고, 어떤 답은 스스로 화해하지 못한 상처에 발목이 붙들려 있었습니다. 한결같이 한계, 제약, 모순을 토로하며 무기력과 냉소를 드러냈습니다. 어쩔 수 없다는 현실의 벽이 우리들에게 '닫힌 세계'를 만들어 버린 것입니다. 닫힌 세계는 검증되지 않은 통념과 가정들이 단일한 답을 정해놓고 더 이상의 의문의 여지를 없애버린 세계입니다. 거기에 머무는 일은 비통하고 참담하며 안타까운 일입니다. 그래서 그들이 던진 질문들을 기록할 필요가 있었습니다. 그 질문의 목록은 100여 가지 넘지만 다시 이를 범주화하고 보다 핵심적이며 빈번한 질문들을 추렸습니다. 비록 이 질문들에 답을 찾을 수 없다해도 이 질문들은 우리시대 리더들의 초상입니다. 그리고 암울했던 시절, 루쉰(魯迅)에게 세상으로 나서야 한다고 권하던 그의 친구의 말처럼, 저는 이 질문들이 감히 닫혀버린 세계의 철문을 두드리는 용기가 되길 소망합니다.

이 책은 리더들의 질문 속에 숨은 가정들을 들추고 이를 확장하고자 하는 의도를 가지고 있습니다. 그래서 이 책은 새롭게 리더가 되려는 사람들은 물론이고, 리더의 역할을 하고 있지만 혼돈 속에 빠져있는 사람들을 위한 것입니다. 하지만 이렇게 한데에는 무슨 획기적인 처방을 줄 수 있다고 확신했기 때문이 아닙니다. 또 저는 이 중 어떤 답도 최적의 답이라고 강변할 마음은 없습니다. 다만 더 근원에 다가가려면 질문을 통해 숙고하고 다시 되질문할 때만 보이지 않은 것을 보고, 들리지 않는 것을 들으며, 이전과 없던 길을 찾을 수 있을 것이라 믿기 때문입니다. 그래서 가능한 질문은 적나라하게, 답은 에둘러 생각을 넓히고자 했습니다. 당연히 제 답은 다시 새로운 질문으로 열려져야 마땅합니다. 간곡한 바람이 있다면, 독자는 여기에 실린 답을 다시 자신의 현실로 가져와 새로운 질문을 만들기를 기대합니다. 저와 함께 했던 리더들이 그러했듯, 그런 질문은 아포리아의 어둠을 밝히는 횃불이 되고, 혼돈과 무력감에 맞서는 무기가 될 것입니다.

아울러 여기에 담긴 모든 생각은 나와 함께 리더십훈련에 참가했던 수많은 리더들의 고민들로부터 얻은 결실입니다. 이 책이 진 빚을 조금이라도 갚길 소망합니다.

저자 이창준

# 01

리더가 된다는 것은 공동체에 대한 사회적 책임을
감수하겠다는 선언이다. 그것은 필연적으로 다음과 같은
실존적 질문에 답하는 일이다.
'나는 누구인가?', '나는 무엇을 구현하려고 하는가?',
'나는 지금 어떤 장애와 난관을 마주하고 있는가?',
'이를 어떻게 극복하려고 하는가?

# 리더가 되는 일

변혁을 위한 결단과 실험

# 01

## 굳이 리더가 되어야 하나?
### 공동체를 위한 자기결단

　요즘 직장인들과 이야기하다 보면 '리더가 되고 싶지 않다'라고 말하는 사람들이 많이 있습니다. 한때 직업적 성공의 상징이었던 '리더'의 위상이 어쩌다 이렇게 되었을까요? 실제 리더들의 이야기를 들어보니 이렇습니다. 몇 푼 오르는 연봉에 비해 책임은 크고 권한은 그다지 많지 않습니다. 리더가 되면 남에게 싫은 소리를 하는 악당이 되어야 하는데 이런 일은 그리 탐탁지 않습니다. 게다가 리더가 되면 온갖 일에 연루되어 시간과 에너지를 뺏겨야 합니다. 사생활이 보장되지 않습니다. 또 다른 많은 사람과 얽혀 눈치 보고 굽신거리는 처지가 달갑지 않습니다. 그렇다고 직업적 안정이 보장된 것도 아닙니다. 요즘엔 임원이 되는 일은 해고 가능성이 높아진 것이니 굳이 리더가 되어야 할 이유가 없습니다. 적당히 눈에 띄지 않고 오래 버틸 수 있다면, 그것이 바로 최고의 생존전략이라는 거지요.

"애들 졸업할 때까지는 다녀야죠."

어떤 분이 제게 말했습니다. 이런 넋두리를 비난할 수는 없습니다. 이는 개인만의 책임은 아니니까요. 오히려 다수의 직장인이 이런 생각을 하고 있다면, 분명 상자가 썩은 것이지 사과가 썩은 것은 아닙니다. 사람들로 하여금 이런 태도를 갖게 만든 조직은 마땅히 책임감을 느껴야 합니다. 주체적으로 책임을 감당하고 도전을 할 수 있는 문화인지, 그런 철학은 있는지, 그리고 그를 뒷받침하는 제도와 시스템은 있는지 물어야 합니다. 그런 노력은 괄호 속에 넣고 모든 책임을 리더에게 전가하는 것은 악의적입니다.

솔직히 오늘날 리더들의 마음을 헤아려보면, 리더로서의 명예, 보람, 자부심, 긍지를 경험하기는 거의 불가능합니다. 저는 오랫동안 리더들을 가까이 지켜보며 그들이 행복하지 않다는 사실을 발견했습니다. 일에 찌들어 있고, 어찌할 수 없는 주변의 요구들에 치여있으며, 일과 가정에서도 온전한 삶을 유지하지 못하고 있었습니다. 거기에다가 언제까지 회사에 다닐 수 있는지, 회사의 미래는 어떻게 되는지, 끝도 없는 불안이 이들의 의식을 갉아먹었습니다. 그러니 일의 의미도, 가치도 생각할 여력이 없습니다. 그들은 직업적 소명이 아니라 숫자와 결과에 매달려 오로지 성과로만 증명해야 하는 생존경쟁에 내몰렸습니다. 무분별한 잣대로 사람들을 등급으로 나누고, 생존을 위해서라면 인격 같은 것은 내팽개쳐야 하는 비열함을 감당해야만 한다면, 리더가 되는 일은 결코 자랑스러운 일이 아닙니다.

'직장은 누구를 위해 무엇을 하는 곳인가?', '나는 왜 이곳에서 이런 시간과 에너지를 쏟고 있는가?' 우리는 이 기본적인 질문에 대해 서로 솔직하지 않았습니다. 의도가 없었다 해도 온갖 잡설로 서로의 눈과 귀를 가로막았습니다. 당연히 길을 잃을 수밖에 없지요. 길을 잃었다는 불안이 엄습하면, 우리는 눈앞에 보이는 것을 향해 맹목적으로 질주합니다. 안정 또는 성취가 유일한 목표처럼 보입니다. 그러면 다시 리더십은 실종되고 리더의 역할은 고역으로 둔갑합니다.

## 정말 리더가 되어야 하는 것일까?

정말 리더가 되어야 하는 것일까요? 나는 '그렇다!'라고 생각합니다. 잠시 생각해봅시다. 리더들과 이야기하다 보면 금방 알게 되는 사실이 있습니다. 자신이 왜 리더가 되었는지 모른다는 것입니다. 리더가 되어야 한다는 선택과 결단의 과정이 빠진 채, 리더의 역할을 떠맡아 버린 것입니다. 리더십 연구가 사라 킹(Sara N. King), 알트만(David Altman), 그리고 로버트 리(Robert J. Lee)는 현실의 많은 리더들이 어느 날 아무런 준비 없이 리더가 되고 있다고 개탄한 바 있습니다.[1] 선택과 결단이 없었으니 리더가 되는 일은 그저 하나의 직무, 하나의 역할일 뿐입니다. 리더 중 다수는 이 역할극을 하다가 제풀에 지쳐 이렇게 말합니다.

"너무 어려워요"

"그것은 제가 할 수 있는 일이 아니에요"

이런 말에는 두 가지 가정이 숨겨져 있습니다. 첫째는 자기가 만나고 있는 현실에는 제약과 한계가 너무 많다는 것이고, 둘째는 그런 현실은 자신의 의지대로 작동하지 않는다는 것입니다. 이런 믿음이 옳은가 그른가를 생각하기 전에 이 믿음이 초래하는 일들이 있습니다. 적응과 순응, 체념과 무기력, 그게 아니면 도피와 방관입니다.

리더가 되는 일은 신분을 획득하는 일도, 권력을 움켜쥐는 일도 아닙니다. 더 나은 공동체를 위해 기꺼이 자기 책임을 다하고자 용기를 갖고 변화를 만들어 내려는 시도입니다. 리더십이 진정 무엇인가를 정의하려 한다면 모든 개념이 그러하듯, 그것은 돌연 낯설고 난해함으로 다가옵니다. 하지만 저는 리더십이 개념이 아니라 우리가 살아가는 실존의 문제라고 생각합니다. 특정한 신분과 역할에 주어진 특정한 사고, 태도, 행동이 아니라, 삶의 문제를 헤쳐 나가려는 선택과 결단의 과정일 뿐입니다. 친구를 만나고 결혼을 하고, 자녀를 낳고, 병마에 시달리고, 웃고 우는 동안, 우리는 누군가의 삶에 깊숙이 관여됩니다. 우리는 그들의 영향을 받고 또 그들에게 영향을 미칩니다. 그러니 '나'란 존재는 우주 한복판에 동떨어진 존재가 아니라 거대한 네트워크의 한 노드(node)로 존재합니다. 내가 수많은 파장이 교차하는 진원지의 일부임을 깨달을 수 있다면 우리는 리더십이 왜 모든 사람의 문제이며, 삶의 숙명적 과제인지를 이해할 수 있습니다.

불교의 교리 중에 핵심을 연기론(緣起論)이라고 합니다. 연기란 '서로 의존하여 생겨나다.'라는 뜻입니다. 우주 만물은 서로의 인연이 화합하여 생겨나고, 그것이 우주 만물을 변화시킨다는 것입니다. 살며 '연기를 깨달은 사람은 진리(法)를 보게 되고, 진리를 보는 사람은 연기를 보게 된다'고까지 할 정도로 불교에서는 이를 최고의 깨달음으로 여깁니다. 이 사실을 이해하지 못하면 우리는 자기중심주의에 빠져 이기심을 앞세우고 고립을 자초합니다. 리더가 되는 일은 보다 적극적으로 말하면, 자신이 살아가는 삶의 무대가 모두의 생각, 열망, 이상이 결집한 공간임을 자각하고, 자기 앞의 모든 도전을 응당 맞서기로 결단하는 일입니다. 삶의 모든 순간은 알고 보면 언제나 리더십이 요구되는 순간입니다. 어쩌면 지금 이 글을 읽고 있는 순간에도 우리는 이런 삶의 도전, 그러니까 리더십의 도전에 직면해 있을지 모릅니다. 누군가는 아무렇지도 않게 지나치는 사건이지만, 누군가는 이 순간이 바로 자기 존재의 의미를 자각하고 결단을 내려야 하는 변혁의 순간일 수도 있습니다.

간혹 어떤 사람들은 자신의 현실을 개탄하며 그럴 수 없다고 하소연합니다. 혹은 심판관처럼 비평만 일삼으며 모든 개입을 기피합니다. 물론 진의야 그렇지 않겠지만, 이런 경우라면 스스로 리더의 자리에 있어서는 안 됩니다. 결단 없이 그 자리에 있으면 대안이 아니라 문제의 일부가 되어버립니다.

결단 없는 리더는 가짜가 되고, 결단한 리더들은 진짜가 됩니다. 그 둘은 다음과 같은 차이를 드러냅니다.

> » 가짜는 성과를, 진짜는 목적을 추구한다.
>
> » 가짜는 사람들을 성과를 낳는 도구로, 진짜는 사명을 구현하는 파트너로 여긴다.
>
> » 가짜는 사람들이 자신에게 충성하게 하고, 진짜는 목적에 충성하게 한다.
>
> » 가짜는 성취, 업적, 지위를 과시하고, 진짜는 위선, 결함, 모순을 고백한다.
>
> » 가짜는 자신의 파워를, 진짜는 모두의 파워를 키운다.
>
> » 가짜는 당근과 채찍으로, 진짜는 꿈과 이상으로 사람을 동기부여 시킨다.
>
> » 가짜는 정작 어려울 때 뒷전에 숨고, 진짜는 도리어 어려울 때 나선다.
>
> » 가짜는 늘 부분집단에 속해있고, 진짜는 늘 전체 공동체에 속해있다.
>
> » 가짜는 사람을 나누고 배제하고, 진짜는 통합하고 협력한다.
>
> » 가짜는 실수를 감추고, 진짜는 실수에 운다.
>
> » 가짜는 술수에 의존하고 진짜는 진실과 원칙을 따른다.

일반적으로 리더십 연구[2]들은 리더십을 '공동목적을 달성하고자 한 개인이 집단 전체에 영향을 미치려는 노력과 그 과정'이라고 정의합니다. 이런 정의는 리더십에 대한 현상을 기술한 것이지, 한 개인이 그렇게 하기까지의 내면의 프로세스를 설명하는 것은 아닙니다. 이는 과학적 방법이 가지고 있는 한계 때문일 것입니다. 리더십은 과학으로만 설명되지 않은 삶의 수많은 신비를 포함하고 있습니다. 저는 리더십이 우리들의 인식 밖에서 우리를 호명하는 어떤 부름에 답하는 일에 가깝다고 생각합니다. 특정한 신분, 학벌로 가능한 일도 아니고, 면밀한 분석과 과학적 결과를 도출한다고 해서 얻을 수 있는 답도 아닙니다. 사사로운 목적을 뛰어넘는 공공의 선에 대한 열망, 그리고 그를 향한 담대한 용기가 자기 결단을 촉구하기 때문입니다. 그러므로 리더십을 '삶'이 아니라 '앎'으로 이해하는 것은 크나큰 오류입니다. 실존적인 결단의 과정, 그리고 그에 대한 헌신이 없다면, 리더십은 그저 하나의 가면극 또는 쇼(show)에 불과합니다. 누군가가 그렇게 리더의 자리에 있다면 그가 어떻게 그 자신과 조직의 희망이 될 수 있겠습니까?

### 덧글

제가 관찰한 대기업 중간관리자들의 비명은 이렇습니다. 공감되는지 확인해보세요.

> » "윗사람은 권위적인데 아랫것들은 마냥 자유분방하다."

> » "나는 할 말 다 못하는데 아랫것들은 못 하는 말이 없다."

> » "윗사람은 내게 닥치는 대로 일을 시키는데 나는 아랫것들 눈치를 본다."

> » "나는 윗사람에게 순종하는데 아랫것들은 내게 대든다."

> » "윗사람은 나보고 '애들 똑바로 관리하라' 하고, 아랫것들은 나보고 '리더답게 행동하라' 한다."

> » "윗사람은 내게 고민을 떠넘기고, 아랫것들은 나를 왕따시킨다."

» "나는 주말에도 일하는데 아랫것들은 꼬박꼬박 정시퇴근한다."

» "나는 절대 꼰대가 아닌데 말만 하면 아재에 꼰대 취급한다."

» "권한은 안 주고 일 터지면 죄다 나만 쳐다본다."

» "그만둘 수도 없고 위로 올라갈 희망도 없다."

그런데도 잊지 말아야 하는 것은 자신의 삶과 운명을 외부의 어떤 것에 맡겨놓을 때, 우리는 우리의 고유성을 짓밟고 자존감을 뭉갠다는 것입니다. 무엇보다 우리를 사랑하는 사람들에게 고통을 안겨줄 것입니다. 하지만 선택하고 결단하면, 기적처럼 삶의 반전이 펼쳐집니다.

## 02

# 리더십은 무엇인가?
### 창조적인 자기변혁

영어로 '리드(lead)'한다는 말은 무엇인가를 '이끄는 행위'를 말합니다. 그러니까 리더란 무언가를 이끄는 사람이겠지요. 그러니 리더는 이끌 수 있는 특별한 능력과 권한을 가지고 있어야 할 것입니다. 그러면 리더십은 특별한 능력과 권한을 가진 사람들만이 할 수 있는 일일 테니 이른바 '상사(boss)'라는 사람들의 몫일 것입니다. 그래서 사람들은 자주 이렇게 말합니다.

"그 일은 우리 본부장님이 결정해야 합니다."
"경영자들이 바뀌어야 가능한 일이죠."

만일 리더십이 '상사'에게 해당하는 일이라면 위의 주장과 견해는 매우 타당합니다. 하지만 리더가 특정 지위와 신분의 문제가 아니라,

개인적 권위(authority)에서 비롯된 문제라면 이 말은 진실이 아닙니다. '권위'란 신분에서 오는 것이 아니라, 그를 따르는 사람들의 자발적인 복종에서 옵니다. 왜 그런가 생각해 볼까요?

영어 'Lead'라는 말의 어원을 보면 흥미롭게도 거기에는 '누군가를 이끈다'라는 의미가 없습니다. 이 말의 인도유럽어인 'Leith'에서 온 것입니다. Leith는 '문지방을 넘는다(to step across the threshold)'라는 뜻을 가지고 있습니다. 아시는 것처럼 문지방은 문설주 사이, 출입문 밑에 가로로 댄 나무로 안과 밖을 구분하는 경계를 말합니다. 그러니까 '문지방을 넘는다'는 것은 이쪽 세계에서 저쪽 세계로 옮겨가는 일을 의미합니다. 지금의 확실한 세계에서 문지방 밖의 경험하지 못한, 불확실한 세계로 발을 들여놓는 일입니다. 익숙하고 안전한 세계를 떠나 낯설고 불안한 세계로의 여정, 그것이 'lead' 한다는 말의 숨겨진 뜻입니다. MIT 대학의 오토 샤머(Otto Scharmer)교수는 역사적으로 이 말에는 '죽이다(to die)'라는 뜻이 담겨 있다고 합니다.[3] 그러니까 더 과격하게 말하면, 새로운 세계에 들어서려면 기존에 가지고 있었던 안전을 보장하던 것들, 즉 자신의 정체성, 역량을 파괴해야 한다는 것입니다. '죽는다'라는 말은 알고 보면 '새로 태어난다'라는 뜻을 함축하고 있으니까요.

그런데 어떻게 이런 말이 오늘날 '누군가를 이끈다'는 말로까지 변형, 확장되었을까요? 제 짐작은 이렇습니다. 어떤 한 사람이 하나의 세계를 떠나 더 나은 다른 세계로 옮겨가는 것을 목격할 때, 낡은 세계를 죽이고 새롭게 탄생하고 있음을 보았을 때, 이를 지켜보는 사람들은 호기심과 열정을 갖고 그 길을 함께 따라나서고자 할 것입니다. 그러니까 리더십이란 먼저 자기 결단을 통해 자기를 이끄는 동안, 그 결과로 다른 사람들이 따르게 되는 현상입니다. 사실 제 경험도 그러하지만 리더십을 남을 이끄는 문제라고 이해한다면 끝내 해답을 발견하지 못하게 됩니다. 그보다 내가 어떻게 한 인간으로 자신의 삶을 잘 이끌어갈 것인가를 고민하는 과정에서, 함께 하는 사람들이 나에게 동조하는 사회적 현상이라고 할 수 있습니다. 이를 공명(resonance)현상이라고 부르지요. 공명은 한 물체가 같은 진동수의 외부 물체로부터 영향을 받아 진폭이 증가하는 현상입니다. 리더의 삶이 만들어 내는 감동이 진동이 되어 주변 사람들의 삶에 거대한 파장을 일으킬 때, 리더십이라는 현상이 발생합니다. 스스로 좋은 사람이 되려는 노력없이 다른 사람을 움직이고자 하는 마음은 흑심입니다. 그런 마음이 공명을 일으킬 수는 없습니다.

그런데도 우리가 상사를 리더라고 생각하는 이유는 높은 지위와 권력을 가진 사람들에게 복종해왔던 오랜 역사를 가졌기 때문입니다. 높은 지위와 권력을 가진 사람 중에는 자신의 야심을 실현하기 위해 다른 사람들에게 복종을 요구하기도 했고, 또 조작적 행위를 통해 사람들을 통제해 왔습니다. 그러니 리드한다는 것은 평범한 사람들의 것이 아니라, 특별한 사람들, 특별한 행동처럼 보였을 것입니다. 하지만 앞서도 지적했지만 이런 이해는 리더십의 행동을 왜곡합니다. 다른 사람을 지배하고 통제하고 또 조작할 수 있다는 믿음을 키웁니다. 그것은 리더십의 본질이 아닙니다. 리더십은 기술(technique)이 아니라 누군가에게 표본이 되는 삶(life) 자체입니다. 마하트마 간디(Mohandas Gandhi)의 리더십을 연구한 케사반 나이르(Keshavan Nair)는 간디의 삶에 담겨 있는 리더십의 본질적 메시지가, '추구하는 이상을 좇아 전력투구하며, 끊임없이 개인적 성찰을 통해 거듭나는 일'이라고 말합니다.[4] 거기에는 특정 사람과 집단을 통제하고 조작하려는 일련의 의도가 배제되어 있습니다. 스스로 질문을 던지고 해답을 구하며, 자신의 행동을 평가하고 수정하는 일을 지속할 뿐입니다. 그런 존재가 누군가에게는 꿈이 되고 희망이 되는 것이지요.

통상 리더라는 말에는 이미 권력이 내포되어 있습니다. 그래서 리더십은 그 자체로 좋은 것도 나쁜 것도 아닐 수 있지만, 이를 발현하는 사람들의 성찰이 없다면 위험천만한 도구가 될 수 있습니다. 언제든 이를 남용하고 싶은 유혹에 노출되어 있기 때문입니다. 어떤 면에서 우리의 인생은 부단히 권력을 쌓고, 그를 통해 자신을 보호하는 일인지도 모릅니다. 그런 욕망에는 우리의 무능과 열등감이 만든 불안이 내재하고 있습니다. 이것이 불가피하다해도 이런 불안감을 가진 사람이 권력을 갖게된다면 어떻게 될까요? 그는 자신을 과시하고, 타인을 자신에게 복종시키는 방식으로 권력을 행사할 것입니다. 또 성공에 대해 강박적으로 매달리는 사람들 역시 타인을 이용하고 기만하려는 충동을 느낄 것입니다. 그러므로 리더가 되려면 성공에 대한 집착, 열등감, 무력감에서 먼저 해방되어야 합니다. 자신과 세상을 사랑하는 능력을 키워야 합니다. 스스로 성숙한 사람으로 바로서지 않으면 안 됩니다. 그것이 바로 자신을 이끄는 일이 먼저인 이유입니다. 좋은 리더들은 과시하지 않고 지배하지 않으며, 자기중심성에 벗어나 중요한 역할과 책무를 실현하기 위해 자신의 권력을 봉사와 헌신으로 대체합니다.

스스로를 이끌지 않으면 성장이 멈춥니다. 성장이 멈춘 모든 생명은 부패하기 마련입니다. 리더십은 부단히 자신의 양심을 개발하고, 도덕적, 사회적 가치를 추구하며, 자신의 약점과 싸워갈 때 저절로 발현됩니다. 그러니 리더십을 발휘하려면 '타인을 어떻게 할 것인가'를 고민하지 말고 '나를 어떻게 할 것인가'를 고민해야 합니다. 베른하르트 (Bernhard A. Grimm)는 말합니다.[5] '리더가 강한 것은 타인을 지배하기 때문이 아니라 자신을 지배하기 때문'이라고.

### 덧글

〈장자〉의 '인간세'편에는 안회가 폭정을 휘두르는 위왕을 교도하겠다고 하자, 그의 스승 공자가 그를 가로막으며 '심재(心齋)하라'고 타이릅니다. 심재가 무엇이냐고 묻자 공자는 이렇게 말합니다.

"먼저 마음을 하나로 모으라. 귀로 듣지 말고, 마음으로 들어라. 다음에는 마음으로 듣지 말고 기(氣)로 들어라. 귀는 고작 소리를 들을 뿐이고, 마음은 고작 사물을 인식할 뿐이지만 기(氣)는 텅 비어서 무엇이든 받아들이려 기다린다. 도(道)는 오로지 빈 곳에만 있는 것, 이렇게 비움이 곧 심재니라."[6]

이게 무슨 말인가 싶지요? 리더십을 발휘하겠다는 안회에게 세상을 변화시키고자
한다면, 먼저 자신의 마음을 깨끗이 비워야 한다고 말하는 것입니다. 그래야 귀로,
마음으로만 메시지를 전하지 않고, 기(氣)로 전할 수 있다는 것입니다. 여기서 '기'
란 인위적인 조작의 산물이 아니라 한 개인의 품성과 삶의 양식이 만들어내는 '공
명'을 의미할 것입니다. 자기를 리드하는 일이 저절로 다른 사람을 리드하게 된다
는 것이지요. 그 외는 다 잡설인지 모릅니다.^^

# 03

## 어떤 사람들이 리더가 되나?
### 리더십의 비밀

　좋은 리더들은 자기 '삶'을 통해 다른 사람들에게 영감을 불어넣고, 공감을 이끌며 신뢰의 대상이 되었습니다. 사람들은 이런 사람들을 보면 자발적으로 그의 추종자가 됩니다. 혹시 주변에 당신이 믿고 따르는 리더가 있나요? 당신은 왜 그를 믿고 따르는 것인가요? 수많은 이유가 있을 수 있지만, 그가 특정한 방식으로 당신을 유혹하기 때문은 아닐 것입니다. 순간적으로 우리는 그런 사람에게 매력을 느낄 수는 있지만 진심으로 우리의 마음을 사로잡는 사람들은 그의 삶으로 우리와 진검 승부하는 사람들입니다. 다시 말해 문지방을 넘는 사람들은 그 자신의 행적을 통해 우리의 심금을 울립니다.

　인식론적 관점에서 사람들이 어떤 리더의 행동에 끌리는지 생각해 봅시다. 여기에는 많은 이론들이 존재하지만 우리 현실에 비추어 단순화해보면 세 가지 행동으로 요약해 볼 수 있습니다.

첫째, 우리가 어떤 사람을 믿고 따르는 까닭은 그가 우리에게 새로운 희망을 보여주고 있기 때문입니다.[7] 어떤 사람들은 우리가 살아가는 세상을 규정함으로써 현실의 실체를 드러내고, 거기에 의미를 부여합니다. 처음에는 모호하고 불확실했던 것들이 그의 렌즈를 통해 선명성을 획득합니다. 우리는 이런 사람들이 만든 렌즈를 통해 현실을 바라보고 새로운 대안과 희망을 갖게 됩니다. 이를 센스메이킹(sense making)이라고 합니다. 리더십의 관점에서 이른바 비전(vision)은 이 센스메이킹의 결과입니다. 왠지 식상한 말이 되어버렸지만 탁월한 리더들은 비전을 통해 현재의 혼란, 불안, 불확실성을 정의하고, 이를 돌파할 수 있는 미래의 전망을 밝힙니다. 그것은 마치 캄캄한 동굴 속에서 있을 때 어디선가 새어나오는 불빛과 같습니다. 동기를 높이고, 힘과 용기, 희망을 선물합니다. 이들이 이렇게 할 수 있는 이유는 함께 하는 사람들의 상처와 고통을 깊이 읽었기 때문입니다. 그런 비전은 사람들의 힘을 결집시키고 팬덤을 형성합니다. '난세에 영웅이 난다'라는 말이 있는데 이는 난세일수록 메시아에 대한 열망이 커지고, 그런 비전을 제시하는 사람들에게 매료되기 때문입니다. 그러니 리더가 되고자 한다면 현실을 예리하게 직시하면서 집단의 과제를 읽고, 새로운 희망과 용기를 주는 대안을 모색하지 않으면 안 됩니다.

두 번째, 우리의 마음을 사로잡는 리더의 행동은 희생입니다.[8] 희생한다는 것은 손실을 감수하면서까지 자신의 능력과 재능을 타인을 위해 사용하는 것을 말합니다. 우리는 더 큰 대의를 위해 자신의 기득권을 포기하는 사람들, 양보하고 봉사하며 헌신을 택하는 사람들을 목격할 때마다 숙연한 마음이 들지 않나요? 설령 그렇지 않다 해도 그를 부정하고 비난할 권리는 우리에게 없습니다. 오히려 그에게 힘을 줌으로써 그의 행동이 더 값진 결과를 만들기를 희망합니다. 왜냐하면 희생은 그가 주창하는 비전의 순수성과 정당성을 온몸으로 증명하는 행위이기 때문입니다. 희생은 사람들의 마음을 사로잡는 숭고한 제의입니다. 우리는 그런 사람들의 행동을 목격하면서 그렇지 못한 우리자신을 돌아보고, 우리의 행동이 더 큰 가치와 결부되어있음을 체험합니다. 하지만 주창하는 비전과 달리 리더의 희생이 뒤따르지 않는다면 어떤 일이 벌어질까요? 그런 리더가 있다면 사기꾼과 조금도 다를 바 없습니다.

리더들 중에는 '진짜 리더(眞性리더, authentic leader)'가 있고, '사이비(似而非) 리더(유사리더, pseudo leader)가 있습니다. 사이비 리더도 사람들의 욕구와 열망을 파고들어 비전을 제시합니다. 그러나 진짜 리더는 사이비 리더와 달리 사람들의 열망을 통해 더 큰 선을 만들려는 사회화된 비전(socialized vision)을 품습니다. 그렇기 때문에 언제든 희생을 마다하지 않습니다.[9] 하지만 사이비 리더는 자신의 사적 야욕을 실현하려는 사유화된 비전(personalized vision)을 품은 사람들입니다. 그들은 자신의 이해가 첨예하게 대립할 때 자신을 희생하는 법이 없습니다. 도리어 사람들의 환심을 사기 위해 자기 비전이 모두를 위한 것인 양 포장하고,

자신의 희생적 행동을 호도합니다. 그들은 결정적 순간이 되면 본색을 드러냅니다. 자기 안위를 우선하고 자기 소유에 집착합니다. 위험을 피하고 뒷전으로 물러나 숨어버립니다.

그러나 진짜 리더들은 오히려 위기의 순간에 전면에 나섭니다. 그들의 목적은 사람들의 상처를 치유하고 고난을 극복하는데 있기 때문입니다. 그들은 위기가 닥쳤을 때 제일 먼저 위험을 감수하고 책임을 집니다. 문제를 해결하고자 사람들을 안심시킬 뿐 아니라, 자신감 있고 낙관적인 태도로 문제를 돌파할 대안을 함께 모색합니다. 이들의 무기는 지배와 통제가 아니라 봉사와 헌신입니다. 이런 리더와 함께 하는 구성원들은 풍요와 행복을 경험합니다. 그런 점에서 희생은 리더의 진정성을 대변하는 가장 확실한 징표라고 할 수 있습니다.

세 번째, 사람들이 리더에게 사랑에 빠지는 이유는 탁월한 역량 때문입니다.[10] 탁월한 역량이란 해당분야에 대한 전문적인 지식, 경험, 남다른 통찰입니다. 이는 리더가 문제를 해결해 낼 것이라는 믿음, 즉 신뢰의 조건을 만들어 냅니다. 예를 들어 병원에서 의사 선생님의 처방에 이견을 제기하는 환자는 없을 것입니다. 의사 선생님의 전문성은 적어도 그 분야에 관한 한, 우리와 비교의 대상이 되지 않기 때문입니다. 리더의 역량이 클수록 구성원의 의존성은 더욱 높아집니다. 그런 점에서 뛰어난 역량은 리더의 필수조건입니다. 특정 분야에 대한 전문성 뿐 아니라 혼자서 해결할 수 없는 과제들에 맞서 방향을 설정하고, 사람들을 조직하며, 조건을 만들어 가는 리더의 행동은 이 역량의 증거가 됩니다. 그러므로 뛰어난 역량을 구축하는 일을 게을리 한다면 지속적으로 리더십을 보존하기는 어렵습니다.

비전, 희생, 역량은 모두 곱하기의 효과가 있습니다. 이중 하나라도 빠지면 리더십을 잃을 가능성이 큽니다. 예를 들어 다른 것은 있는데 비전이 없다면 사람들은 희망을 가지지 못할 것입니다. 또 희생이 빠졌다면 리더의 진정성을 의심을 받을 것이고, 역량이 빠졌다면 난관을 돌파할 수 없을 것입니다. 좋은 리더가 되고자 한다면 이 세 가지의 도전에 맞서야 합니다.

> 1 '나는 사람들에게 희망과 용기를 줄 수 있는가?'
> 2 '기꺼이 내 재능과 에너지를 모두를 위해 사용할 용의가 있는가?'
> 3 '그렇게 하기 위해 부단히 정진하며 실력을 쌓아가고 있는가?'

누구나 이 모두를 다 갖추기는 어려울지도 모릅니다. 실제로 구성원들이 리더에게 이 모두를 기대하는 것도 아닙니다. 구성원은 이런 도전들 속에서 리더가 쉼없는 자기수정을 통해 지속적으로 성장해 가고 있는지를 주목합니다. 그러니 이 세 가지를 강박적으로 생각하기보다 지속적인 학습의 과정으로 받아들이는 것이 중요합니다. 리더가 학습하고 있다는 판단이 든다면 사람들은 얼마든지 그런 리더와 함께 할 용의가 있습니다. 그런 리더들은 구성원들의 마음속에 계속해서 변화하고 성장할 것이라는 믿음을 줍니다.

　가끔 어떤 사람들은 제게 리더의 최고 덕목이 무엇이냐고 묻습니다. 하지만 불행하게도 저는 그 하나의 덕목을 알지 못합니다. 아니, 누구도 그 하나가 있다고 말하는 순간 정답이 아님을 금방 알게 될 것입니다. 만일 그 하나의 덕목이 있었다면 리더십은 더 이상 도전의 대상이 아니었을 테니까요. 리더십이 쉼 없는 도전의 대상인 이유는 그 답이 계속해서 유동하고 있을 뿐 아니라, 리더십은 새로운 답을 향해 항상 자신을 열어야 하는 일이기 때문입니다. 그러므로 좋은 리더가 되고자 한다면, 스스로 좋은 리더가 되기 위한 학습(learning)을 멈추지 않아야 합니다. 학습하는 동안 우리는 하나의 세계에 갇혀있지 않고 다른 세계로 옮겨갈 수 있으며, 지속적으로 세상과 교감합니다. 구성원들은 다른 게 아니라 바로 이런 리더를 원합니다.

## 덧글

리더의 세 가지 행동 즉, 비전, 희생, 역량과 관련하여 한국인과 미국인을 비교 연구한 결과가 있습니다.[11] 이 연구는 미국인이든 한국이든 리더가 '자기희생적 행동'을 보일 때, 그리고 '뛰어난 역량'을 보일 때, 각각 '리더답다(카리스마로 느껴진다)'고 인식하는 것으로 나타났습니다. 둘을 군이 비교한다면 '뛰어난 역량'보다 '자기희생적 행동'이 보다 더 큰 영향을 미쳤고, 또 미국인과 한국인을 군이 비교한다면, 한국인들은 리더의 '역량'보다 '자기희생적 행동'에서 보다 더 리더다움을 느꼈습니다. 특히 불확실성이 높은 상황에서 한국인들은 '자기희생적 행동'에서, 미국인들은 '역량'에서 보다 더 리더다움을 경험했습니다. 두 문화권의 차이가 드러나는 지점이지요. 결론적으로 말하면 리더의 자기희생은 사람들의 인식 안에서 리더십을 느끼게 하는 강력한 요인입니다. 그러나 이는 비전, 역량과 함께할 때 시너지 효과가 나타납니다. 즉, 리더의 자기희생은 비전의 진정성을 전달하고, 역량은 비전의 달성가능성을 보여줍니다. 그러니까 어느 하나라도 없다면 다리 하나가 없는 삼발이 꼴이 됩니다.

# 04

# 리더의 역할은 무엇인가?
## 체제개혁의 전사

리더십은 역사적으로 보면 분명 매우 특별한 사람들의 이야기처럼 보입니다. 하지만 관료제 하의 리더가 하나의 기능으로 채택되면서 리더십은 역할, 즉 '매니지먼트(Management)'를 의미했습니다. 매니지먼트란 기존의 안정된 질서를 유지하고, 결함을 없애며, 효율성을 높이는 제반 활동을 의미합니다. 그러니까 한마디로 말하면 '체제유지 활동'인 거지요. 전통적인 산업사회에서 리더의 역할은 이것이 전부였습니다.

하지만 복잡하고 불확실하며 비선형적인 변화가 일상화되는 환경에서 전통적인 매니지먼트로는 더 이상 제 기능을 하기 어려워졌습니다. 그래서 리더십을 완전히 다른 각도에서 해석할 필요가 생겼습니다. 앞서 Lead란 말의 정의에서 확인한 것처럼, 하나의 세계에서 다른 세계로의 전환, 즉 변화가 중요한 이슈가 된 것입니다. 기존의 질서를 문제 삼고, 이전과는 다른 관점에서 중대한 변화를 일으키는 일은 오늘날 리더의 핵심과업입니다. 이는 한마디로 '체제개혁 활동'이라고 할 수 있습니다. 리더십 대학의 학장이라는 별명을 가진 워렌 베니스(Warren Bennis)는 매니지먼트는 '일을 올바르게 하는 것(do thing right)'이고, 리더십은 '올바른 일을 하는 것(do the right thing)'이라고 표현했습니다.[12] 이 말은 리더십에는 가치기반의 방향성이 포함된 변화행동을 의미하는데 반해, 매니지먼트에는 그런 의미가 없다는 것을 알 수 있습니다. 매니지먼트는 분석적이고 합리적이고 논리적인 성격을 띠지만, 리더십은 규범적이고 윤리적이며 창의적인 성격을 띱니다. 물론 이 둘은 배타적으로 선택해야 하는 것도 아니고, 우열이 있다고 할 수도 없습니다. 오히려 이 둘은 우리들의 현실에 비추어 보면 상황에 따라 보완적으로, 또 통합적으로 요구된다고 생각하는 것이 옳습니다.[13] 조직이 안정과 질서를 유지하는데 초점을 두고 있다면 당연 매니지먼트가 보다 중요하지만, 반대로 변화와 혁신이 요구되는 상황이라면 리더십이 더 요구될 테니까요. 그래서 리더의 역할을 종종 오케스트라의 지휘자여야 한다고 말하기도 합니다. 매니지먼트와 리더십이라는 두 개의 음색과 음향을 조화시켜야만 한다고요.

하지만 오늘날과 같은 상황에서 매니지먼트만을 리더의 역할이라고 이해하는 것은 심대한 무능을 드러냅니다. 다시 언급하지만 리더는 체제유지 활동에 국한된 것이 아니라, 변화를 촉구하고 낡은 정체성을 혁파해 가는 체제개혁 활동에 그 존재의의가 있습니다. 이를 강조하는 이유는 너무나 많은 리더들이 매니지먼트만을 리더십으로 이해하면서 변화에 무책임하거나 무능하기 때문입니다. 많은 리더들이 이 주도권을 다른 권위자에게 떠맡겨 놓고 있는데, 그 이유는 앞서 말한 것처럼 우리 사회의 리더십 훈련에 원인이 있습니다. 우리 사회의 리더십훈련은 '리더십'이 아니라 대부분 '매니지먼트'를 가르쳐왔습니다. 그러면서 정작 위기가 닥치면 리더십을 발휘하라고 채근하는 모순적 행동을 보이는 것이지요. 이 문제는 뒤에서 다시 다루기로 하지요.

## 어떻게 리더십을 발휘할 수 있을까?

더더욱 미지의 답을 찾아야 하는 때라면 이는 너무나 중요한 질문입니다. 같이 생각해 봅시다. 먼저 당신이 변화에 책임을 진 사람이라면, 기존의 전통에서 틈을 찾아 이를 문제화할 수 있어야 합니다. 전통적인 질서와 관행은 공기처럼 무감각하게 사람들의 의식과 행동을 지배하면서 문제의식 자체를 없애버리는 경향이 있습니다. 미셸 푸코(Michel Foucault)같은 구조주의 철학자들은 기득권을 가진 권력이 그들의 담론을 통해 사람들의 의식을 통제하기 때문이라고 분석합니다.[14] 리더는 체제 안에 있되 체제의 경계선에 있어야만 체제를 제대로 바라볼 수 있고, 그 모순을 해부할 수 있습니다. 그런 리더는 기존제도와 시스템이 품고 있는 의도를 간파하고 문제의 틈을 발견합니다. 그래야 바람직한 미래와 어떤 간극이 있는지를 분석할 수 있습니다. 그곳이 바로 변화가 시작되는 곳입니다. 이런 행동은 기존의 질서를 신봉하고 있는 기득권을 가진 사람들에게서 저항을 받습니다. 모든 변화는 기득권과 기득권 내에 도사리고 있는 낡은 의식의 저항을 피할 수 없습니다. 그러니 저항을 만나고 있다면 당신이 리더십을 발휘하고 있는 증거이니 그리 괴로워할 일이 아닙니다.

혹시 초기 잠수함에는 토끼를 태웠다는 이야기를 들어보신 적이 있나요? 당시 잠수함은 잠수시간이 오래되면 잠수함 속의 산소가 부족해지고 이산화탄소량이 증가하면서 승무원들의 생사가 위태로왔습니다. 산소계측장치가 개발되어 있지 않았기 때문이지요. 그래서 그 대용으로 부득이하게 토끼를 태웠다고 합니다. 토끼는 후각이 민감해서 산소부족에 빠른 반응을 보이는데, 승무원들은 이 토끼의 상태를 보고 공기오염도를 가늠했습니다. 그래서 잠수함을 수면 위로 올리는 시점을 결정했던 거지요. 게오르규(Constantin Gheorghiu)라는 작가는 시인들이야말로 시대의 고통과 아픔을 제일 먼저 감지하는 토끼와 같은 존재라고 한 바가 있습니다. 저는 조직에서 토끼와 같은 역할을 하는 존재가 바로 리더라고 생각합니다. 리더가 불감증에 빠졌다면 조직의 위기는 불을 보듯 자명합니다. 그러니 리더는 체제의 경계에 있어야 합니다. 팀장이라면 팀의 경계에, 본부장이라면 본부의 경계에, 사장이라면 회사의 경계에. 그래야 체제의 한계와 제약을 바라볼 수 있고, 커져가는 부조리를 간파할 수 있으며 새로운 대안을 탐색할 수 있습니다.

두 번째는 이 모순을 극복하는 대안으로서의 비전을 그려낼 수 있어야 합니다. 그리고 이를 구성원들에게 설파하여 공감을 얻어내고 사람들을 동참시켜야 합니다. 새로운 비전은 기존의 세계가 가지고 있었던 불충분을 메우면서 동시에 더 나은 세계를 약속하는 선언입니다. 사람들이 그 비전을 통해 자부심과 긍지를 경험하고 성장체험을 할 수 있다면 비전은 더욱 매력적으로 사람들의 마음을 사로잡을 것입니다. 비전은 본질적으로 바텀 업(Bottom-up)의 성격을 가지고 있습니다. 사람들의 열망, 욕구를 읽고 담아내는 것이 비전의 요체입니다. 관료적 시스템은 비전이 밖으로부터 주어지지만 그것은 효율성 때문이지 진정한 비전이 빌드 업(build-up)되는 프로세스가 아닙니다. 구성원의 욕구와 열망을 수렴한 비전은 사람들에게 오너십을 제공하고 열정을 만들어 냅니다. 이런 비전은 비전을 구현할 수 있는 담대한 실험들을 촉구합니다. 리더가 열린 마음으로 구성원들과 함께 변화의 로드맵을 그려내고 현실화하려 해도 수없는 복병이 나타나긴 하지만, 그것이 비전이 준 신념의 산물이라면 복병과의 한판승부는 피할 일이 아닙니다.

다음으로 리더는 새롭게 창안한 미래를 현실로 끌고 와 이를 증명해야 합니다. 이상적 세계의 수준에 머물러 있던 비전을 사람들의 가시권 안으로 가져올 때, 비전은 비로소 구체적 현실로 전환됩니다. 그렇게 하려면 리더는 사람들을 주목시키고, 공감을 이끌어내는 구체적 프로젝트를 설계하고 이를 통해 가시적 성취를 만들어야 합니다. 큰 것은 부분으로 나누고, 긴장감 있는 데드라인을 설정하고, 자원을 끌어 모으고, 예시를 보이고, 고충을 해결해 가야합니다. 새로운 행동과 관행을 정착시킬 수 있는 규칙과 제도, 정책과 시스템을 정비해야 합니다. 아, 정말 힘든 일이지요? 하지만 이 동기가 자신과 조직을 구원하려는 진정성과 순수성에서 비롯된 것이라면, 이 과정은 고통만이 있는 것은 아닙니다. 영화 〈머니볼〉은 미국의 오클랜드 애틀랙티스 팀의 실존인물인 야구단장 빌리 빈(Billy Beane)의 이야기입니다. 빌리는 기존 스카우터들의 반발, 그리고 실업자가 될지 모른다는 위험 속에서도 구단을 변화시켜야만 하는 이유가 다름아닌 자신이 중요하게 생각하는 철학 때문이라고 강변합니다. 사람들은 이런 리더를 보고 힘을 부여받고 또 힘을 보탭니다.

이 세 가지 국면은 순조롭게 진행되는 것은 아닙니다. 각각의 국면에서는 수많은 장애와 난관이 출현하고, 의외의 저항에 부딪혀 되돌아가기도 하고, 우회하기도 하며, 경우에 따라 좌초하기도 합니다. 그래서 체제 개혁적 행동은 생각보다 드물게 일어납니다. 여러 단계를 거치게 되는 의사결정, 윗사람의 지시가 없이는 움직이지 않는 구성원, 단기적 성과에 대한 압력, 적절하지 못한 평가와 보상, 사람들 간의 입장 차이와 갈등, 시간의 부족 등에 봉착합니다. 하지만 이것만도 아닙니다. 리더십을 억제하는 더 큰 힘이 따로 있습니다. 그것은 다름 아니라 우리 안에 숨어있는 '두려움'입니다. 두려움은 드러나지 않으면서 온갖 변명과 빌미를 만들고, 변화를 미루거나 포기하도록 하는 괴물입니다. 그러므로 체제 개혁적 행동이 리더의 중심행동이 되려면, 더 생각하고 고민해야 할 것들이 있습니다. 차차 더 생각해 보기로 하고 우선 다음 질문을 통해 체제개혁적 행동을 가로막는 두려움과 이를 극복할 준비가 되어 있는지 점검해 봅시다.

» 이 변화는 누구를 위한 것인가?

» 궁극적으로 얻으려는 결과는 무엇인가?

» 어떤 상황에서도 포기하지 않은 신념을 가졌는가?

» 내 안에 도사리고 있는 두려움의 실체는 무엇인가?

» 길을 잃을 용기, 불확실성을 감내할 용기가 있는가?

» 실패한다 해도 다시 배울 자신이 있는가?

## 덧글

리더십이 변화를 다루는 문제라고 할 때, 여기에 접근하는 방법은 크게 두 가지입니다. 하나는 합리적인 접근(Rational approach)이고, 다른 하나는 정서적인 접근(emotional approach)입니다. 합리적인 접근은 변화의 목적지를 정하고, 선형적인 프로세스에 따라가면 변화가 성공할 것이라고 기대합니다.[15] 반면 정서적인 접근은 변화가 정치적, 사회적, 심리적 요인들에 의해 비선형적으로 진행된다고 가정하고 합니다.[16] 전자의 경우, 리더는 변화플랜을 세우고 변화과정을 통제하는 역할에 주력하지만, 후자의 경우는 구성원과 강력한 심리적 연대를 구축하고, 그들을 지원, 촉진하는 역할에 집중합니다. 전자가 구성원을 수동적이고 소극적인 대상으로 간주하는 반면, 후자는 구성원이 변화의 동반자로서 주체적으로 행동할 수 있다고 믿습니다. 물론 이 두 접근은 양자택일의 문제가 아닙니다. 주어진 상황에 따라 선택하고 통합하는 것이 바람직합니다.

하지만 오늘날의 변화가 정해진 답을 찾는 것이 아니라 불확실성 속에서 지속적으로 잠정적 가설을 찾아가는 과정임을 이해한다면, 구성원의 마음을 사는 정서적 접근은 훨씬 더 중요해졌다고 할 수 있습니다. 그러려면 탑다운(Top-down)의 패러다임에서 벗어나 구성원들의 꿈과 열망, 마음 깊은 곳에 있는 걱정과 두려움을 읽고, 그들과 함께 만들어 가는 변화의 프로세스를 상상하고 실험할 필요가 있습니다. 그동안 대부분의 변화가 실패한 것은 이를 간과한 때문입니다.

## 05

# 리더는 무엇을 경계해야 하나?
### 정치적 패러다임에서 진정성의 패러다임으로

세미나 중에 한 임원이 제게 말했습니다.

"지금 이 나이에 군이 그렇게까지 할 필요가 있나요?"

이 말은 한마디로 말하면 자신을 '정치적 존재'로 규정한 것입니다. 정치적 존재란 조직을 정치적 시스템으로 바라본 결과입니다. 정치적 시스템으로 바라본다는 것은 조직을 참여자들 간의 이해관계가 충돌하는 집단으로 이해하는 것입니다. 사람들은 각자 자신의 욕구를 실현하기 위해 다양한 자원을 교환하고, 그 교환에서 유리한 고지를 점하기 위해 노력합니다. 그러니 협상력을 키워 실리를 추구하는 것은 생존을 위한 최상의 방법입니다.[17] 이런 패러다임을 장착하면 거래우위를 점하는데 집중합니다. 더 많은 자원을 확보하기 위해 누군가를 자기편으로 만들어야 하고, 또 누군가를 배제해야 합니다. 손해 보는 일을 피하고 이득을 얻으려면 기회주의적으로 사람들을 회유하고 설득하며 타협해야 합니다. 이것 자체가 잘못이라고 비난할 수는 없지만 이런 일에 매달리면 정작 왜 여기서 이 일을 하는지 그 목적이 사라져버립니다.

사람들이 이런 정치적 행동을 하는 데는 이유가 있습니다. '리더'가 어떤 일을 하는 사람인지 망각해버렸거나, 지위와 권력을 획득하는 것을 리더로 이해했거나, 그것으로도 충분히 제 역할을 하고 있다는 안일한 생각을 했거나, 생존의 공포에 사로잡혀있기 때문입니다. 우리는 처음 직장에 입사했을 때, 조직 안에서 유능한 사람으로 인정받기 위해 열심히 일했을 것입니다. 대체로 사람들은 경력 초기에 전문성을 기초로 승부를 걸고자 하는 욕구를 가지고 있습니다. 정확한 지식과 기술적 전문성으로 주어진 문제를 효과적으로 해결하는 것을 성공이라고 믿었을 것입니다. 이를 '기술적 패러다임(technical paradigm)'이라고 할 수 있습니다.

하지만 경력이 쌓이고 연차가 높아지면 보다 중요한 역할에 대한 책임을 감당해야 합니다. 후배를 육성해야 하고, 더 어려운 일, 새로운 일을 찾아 사업적 기회를 만들어내야 합니다. 그러려면 더 많은 사람과 함께 협력적으로 일하는 방법을 배우지 않으면 안됩니다. 때마침 회사로부터 승진의 기회가 생겼다면 자신이 정치적 역학에 놓였다는 것을 직감할 수 있습니다. 윗사람의 요구를 따라야 하고, 동시에 아랫사람들의 기대를 저버릴 수 없으며, 다른 동료들과의 신경전도 피하기 어렵습니다. 이런 일들에 대한 두려움이 앞서기 시작하면 무심코 '정치적 패러다임(political paradigm)'에 빠지고 맙니다. 자기 능력을 부풀리고, 불만을 숨기며, 타인을 의식하는 행동을 시작합니다. 이미지를 강화하기 위한 전략과 전술, 기법과 기술에 집착하면서 사람들을 조종하는 방법을 찾습니다. 일하는 본래의 목적을 망각하면서 결국 리더십을 잃고 맙니다. 사람들은 이런 사람에게 아부하거나 이런 사람들을 멀리합니다. 만일 조직 내 다수의 리더가 정치적 패러다임을 채택하고 있다면 어떨까요? 조직은 경쟁으로 고통 받고, 질시와 야합, 반칙과 변칙들이 횡행합니다. 사람들은 특정 리더를 추종하면서 패거리를 만듭니다. 그런 조직은 부패를 피할 수 없습니다. 구성원들은 희망을 버리고 냉소합니다.

정치적 리더가 되면 왜 정말 위험한지 더 생각해봅시다. 먼저 정치적 패러다임을 채택하면 쉽게 단기성과에 매달립니다. 이것이 자기 존재를 증명하는 확실한 징표라고 생각하기 때문이지요. 그러면 덩달아 구성원들도 근시안적 안목에 빠져 보다 중요한 가치를 망각합니다. 혁신이 실종됩니다. 혁신을 하려면 눈앞이 아니라 먼 곳을 보아야 하고, 나무가 아니라 숲을 보아야 하는데, 정치적 리더 밑에 있는 구성원들은 근원이 아니라 증상을 보고 행동할 수밖에 없습니다. 당연 변화에 대해 소극적이고 피상적 태도를 취합니다.

다음으로 리더가 정치적 패러다임을 가지고 있으면 조직은 폐쇄적이고 경쟁적으로 변모합니다. 소통과 협업이 어려워집니다. 자신의 정보나 취약성을 드러내려는 사람들이 줄어듭니다. 사람들은 게임에서 승리하기 위해 다른 견해, 입장, 목적을 가진 사람들과 대립을 불사합니다.

또 정치적 리더가 득세하면 경영자, 윗사람에 대한 과도한 충성경쟁이 일어납니다. 상층부를 향한 비판과 문제 제기가 사라집니다. 모순, 위선, 부도덕은 가려지고 덮어집니다. 리더들은 단지 윗사람의 대리인으로 행동하면서 구성원의 욕구를 억압합니다. 또 윗사람의 눈 밖에 나지 않도록 실패나 실수를 숨기고, 아첨과 아부, 침묵과 묵인이 일상화됩니다.

나아가 정치적 리더들의 행동은 지시, 명령, 감시, 통제, 회유, 거래, 압력 등의 형태로 나타납니다. 이런 리더십은 고스란히 구성원들에게 전염됩니다. 구성원들은 자신의 불이익을 피하기 위해 거짓행동을 하게 되고, 그 결과 진실한 체험을 할 수 없게 됩니다. 그런 구성원들은 직장과 자신을 분리합니다. 상사를 꼰대로, 일을 고역으로, 직장을 돈벌이의 수단으로 생각하게 됩니다.

언젠가 리더십 세미나에 참석했던 한 임원이 절 찾아왔습니다. 그리고 자기조직은 경영자가 3년마다 임기가 끝나면 바뀌기 때문에 임원들은 하나같이 정치적 패러다임을 택하고 있다고 말했습니다. 여기저기 많은 문제가 발생하고 있지만, 자신이 있는 동안은 문제가 붉어지는 것을 피하기 위해 이를 덮어두는 사람들, 경영자에게 아부하다가 경영자의 임기가 끝날 무렵이면 갑자기 등을 돌리는 사람들, 경영자의 눈과 귀를 막고 있는 사람들이 부지기수라는 한탄이었습니다. 이대로 둔다면 조직은 더욱 위태로워질 것이 뻔한데, 다음 임원회의에서 사장에게 이를 문제제기 하겠다는 것이었습니다. 그리곤 자신이 준비한 자료를 제게 보여주었습니다. 자료에는 구성원들의 불만이 담긴 생생한 목소리를 포함하여 조직 내 문제의 징후들과 관련한 데이터가 있었습니다. 그의 얼굴에는 비장함과 함께 두려움이 가득했습니다. 그는 더 이상 정치적 존재로 머물러 있는 자신을 참을 수 없다고 말했습니다.

"두렵지 않으신가요?" 제가 물었더니 그가 말했습니다.
"제 의견이 관철되지 않는다면 이 회사엔 저 같은 사람이 필요 없다는 것이겠죠."

체제개혁적인 행동을 하려면, 리더는 정치적 패러다임을 배격해야 합니다. 그보다 진정성의 패러다임(authentic paradigm)을 채택해야 합니다. 진정성의 패러다임이란 조직을 공공의 사명과 가치를 구현하는 도덕적 공동체로 바라보는 것입니다. 조직은 특정집단의 정치적 이해관계를 충족시키기 위해서가 아니라, 최종 고객에게 의미 있는 가치를 전달하기 위해 존재하는 곳입니다. 그러므로 이런 눈을 가진 리더는 가치와 원칙으로부터 스스로 권위를 만들고, 사명을 실현하기 위해 위험에 맞서 장애를 돌파합니다. 도전적이고 담대한 과제를 설정하지만, 사람들의 이해를 구하고, 설득하며 그들의 힘을 모읍니다. 이런 리더들은 대체로 높은 도덕성, 진정성을 보이며, 인습적 관행을 벗어나 혁신적 대안을 만듭니다. 그래서 정치적 패러다임을 가진 사람들은 이런 사람들을 비난하고 공격합니다.

언젠가 세마나장에서 이 세 가지 패러다임에 관해 토론을 벌인 적이 있었습니다. 자신은 어떤 패러다임을 택하고 있는지, 그리고 같이 일하는 동료들은 어떤 패러다임을 가지고 일하는지. 뜻밖에도 사람들은 조직에 '진정성 패러다임'을 가진 리더들은 불과 20% 미만일 것이라고 했습니다. 씁쓸하긴 했지만 그래도 이런 존재가 있다는 사실이 저는 희망이 있다고 생각했습니다. 그들이 바로 조직을 이끄는 진정한 리더이기 때문입니다. 그러나 더 중요한 것은 다른 사람들이 어떤 패러다임을 가지고 있느냐가 아닙니다. 우리자신이 정치적 패러다임의 함정에 빠지지 않고 진정성의 패러다임을 장착할 수 있는 힘을 가지고 있느냐가 보다 핵심입니다. 그것은 삶의 주인이 되고, 스스로 자존감과 권위를 만들어내는 자신과의 승부입니다.

리더가 된다는 것은 공을 세우고 이름을 알리며 입지를 강화하려는 것이 아닙니다. 조직을 변혁하려는 체제개혁적 행동은 이런 공명심 때문에 유발될 수 없습니다. 조직의 사명을 복원하고 그 과정에서 장애와 난관, 불확실성에 맞서야 합니다. 그러므로 이것은 자신이 속한 공동체의 운명에 대해 어떤 책임이 있는가를 스스로 묻고 답하는 가운데서만 촉발됩니다. 다행히 최고경영자나 윗사람의 지원이 있다면 천운이겠지만 대부분 그렇지 않을 가능성이 많습니다. 그렇다면 어떻게 진정성의 패러다임을 고수할 수 있을까요?

## 어떻게 진정성을 지킬 수 있을까?

진정성의 패러다임을 가진 리더들은 명백한 특성이 있습니다. 스스로 임파워되어 있다는 것입니다. 외부에서 힘을 부여받은 것이 아니라 자신이 스스로에게 힘을 부여하고 있습니다. 이를 셀프-임파워먼트(self-empowerment)라고 부릅니다. 내가 나에게 힘을 부여하는 것은 애초에 이 일을 하고자 했던 목적에 대한 확신입니다. 로버트 퀸은 그래서 변화란 '벌거벗은 채로 신념을 갖고 길을 잃는 일'이라고 말했습니다.[18] 신념은 목적에 대한 믿음에서 오고, 그것은 불확실성을 껴안을 용기를 부여합니다. 변화는 근본적으로 남이 가지 않은 미지의 길을 찾아가는 여정입니다. 거기에는 확실한 실패가 있음에도 불구하고 두려움과 함께 방황할 것을 선택하는 일입니다.

"제겐 시간이 없습니다."
"윗분들이 도와주지 않습니다."
"전 월급쟁이입니다."
스스로를 임파워먼트시키지 못한 채 정치가의 패러다임에 빠져있으면 무력감을 벗어날 수 없습니다. 그런 사람들은 주변에 불행과 좌절, 체념과 무기력을 전염시킵니다. 그러나 스스로를 임파워시키는 사람들은 근원적인 질문으로부터 용기를 발현합니다. '나는 여기서 왜 이 일을 하려는가?' 비록 미지의 탐험이 될지언정 목적(사명)에 대한 믿음을 가졌다면, 고행은 있을 수 있지만 시간과 자원을 자기편으로 만들 수 있습니다. 최초의 저항과 그 저항에 대한 시행착오가 쌓여야 더 단단함 힘이 생기고, 그 과정에서 리더의 진정성과 신념이 타인의 심금을 울릴 수 있습니다. 현명한 리더는 사람들에게 목적의 정당성을 생생한 이미지를 전달함으로써 그 변화를 모두의 문제로 전환하여 사람들을 임파워시킵니다.

## "리더의 자리가 외로워요"

간혹 어떤 리더들 중에는 자신이 고독하다고 말하는 사람들이 있습니다. 하지만 이는 리더십이 실패하고 있다는 증거입니다. 리더의 자리는 고독한 자리가 아닙니다. 리더십은 스스로 변화의 화신이 되어 사람들의 마음을 움직이고, 그들과 함께 변화를 선취하는 공동 작업임을 기억해야 합니다. 그러니 미리 두려워하거나 걱정할 필요가 없습니다. 그보다 자신의 신념이 사람들의 공감을 얻을 수 있을 만큼 정당한 것이라면 마침내 자원이 모일 것이라는 믿음을 가져야 합니다.

# 덧글

'임파워먼트(empowerment)'를 문자 그대로 해석하면 '힘, 권능을 부여하기'라는 의미가 됩니다. 임파워되어 있다는 것은 스스로 권능감, 즉 무엇이든 해낼 것이라는 자기확신, 또는 그런 역량을 보유하고 있다는 믿음입니다. 이것과 대비되는 용어는 '학습된 무기력(learned powerlessness)'입니다. 해봐야 소용없다는 생각을 경험적으로 배워버린 것입니다. 생각해보면 험난한 세상을 살아가는데 있어 무기력에 빠지지 않고 스스로 임파워되는 일은 삶의 성패를 좌우합니다.

연구자 스프라이쳐(Gretchen M. Spreitzer)는 실증연구를 통해 임파원먼트의 심리적 차원이 네 가지임을 추출했습니다.[19] 첫 번째 임파워되어 있는 사람들은 자기 일에 깊은 의미감(meaning)을 체험하고 있습니다. 일의 목적의식과 중요한 가치에 대한 믿음의 결과가 그에게 의미감을 주었습니다. 두 번째는 유능감(competency)을 체험합니다. 자신의 재능, 가능성, 역량에 대한 확신입니다. 과거의 성공경험과 주변인의 평가가 결정적이지만, 셀프임파워되어 있는 사람들은 자신의 재능과 가능성을 신뢰함으로써 자기 확신을 만들어 냅니다. 세 번째는 자기결정권(self-determination)을 느끼고 있습니다. 유능감이 자기 능력에 대한 믿음이라면, 자기 결정권은 어떤 일을 시작하고 행하는데 있어 스스로를 통제할 수 있다는 믿음입니다. 이런 믿음은 일에 대한 주도성, 책임감을 불러일으킵니다. 네 번째는 자기 행동의 결과가 주변에 의미 있는 영향(impact)을 미치고 있다는 믿음입니다. 스스로 임파워되어 있는 사람들은 자신이 주변에 충격을 줄 수 있다고 확신합니다. 순응자가 될 거라면 무력감을 감당할 수도 있지만, 리더가 될 거라면 스스로 힘을 부여하는 사람이 되어야 마땅하지 않겠습니까? 당신은 지금 당신의 일과 관련하여 깊은 의미감, 자기 능력에 대한 확신, 자기 결정권을 가지고 있으며, 이를 통해 세상을 변화시킬 것이라는 믿음을 갖고 있습니까?

# 06

# 리더십은 어떻게 발휘하나?
## 근원적 상태로의 진입

리더가 되려면 비전, 희생, 남다른 역량, 그리고 스스로를 임파워하는 일이 중요하다고 했지요? 하지만 이것을 단박에 확보할 수는 없습니다. 리더십은 멈추지 않는, 끝나지 않은 원(圓)처럼 쉼 없이 계속되는 여정일 뿐입니다. 언제 시작해도 상관없지만 멈추지 않는다면 경험과 인식이 확장되고, 보다 더 독창적인 비전, 진정성에 기초한 희생, 탁월한 역량들이 축적되어가는 것을 확인할 수 있습니다. 처음부터 이를 다 가진 사람들은 없었습니다. 우리의 삶도 마찬가지입니다. 단박에 성취하는 것들은 판타지이지 현실이 아닙니다. 삶은 성취가 아니라 제 안으로 깊이 익어가는 성숙의 과정입니다. 더군다나 더 크고, 더 위대한 삶을 만들어가고자 한다면 자기 훈련은 불가피합니다. 그것은 모든 현자가 보여준 삶의 진득한 태도였습니다.

리더십에 관한 대부분의 훈련들은 자세히 보면 다른 사람의 행동을 모방하는 것을 가르칩니다. 하지만 미시간 대학의 퀸(Robert E. Quinn)교수는 사람들이 리더십을 발휘하는 순간에는 다른 사람을 모방하는 것이 아니라, 스스로 특정한 상태에 머물러 자기 가치와 힘을 사용한다는 것을 발견했습니다.[20] 즉 '근원적 상태'(fundamental state)를 유지하고 있다는 것입니다. 이와 대비되는 상태는 '일반적 상태(normal state)입니다. 특히 위기의 순간이 되면 근원적 상태는 놀라운 힘을 발휘합니다. 사람들의 힘을 모으고 문제를 돌파합니다. 사람들은 스스로 문제의 주인이 되어 서로의 생각을 통합합니다. 여기서 '상태'란 특정 행동이나 기술을 의미하는 것이 아니라, 궁극적으로 어떤 사람으로 존재하고 있느냐를 뜻합니다. 우리의 존재방식은 리더십 그 자체라고 할 수 있습니다. 예를 들어 높은 지위에 있지만 '일반적 상태'에 머물러 있다면 그는 리더십을 발휘하지 못합니다. 반면 지위는 일천해도 '근원적 상태'에 있다면 리더십을 발휘합니다. 그 이유는 '근원적 상태'가 일상적인 통념과 관행, 인습의 수준이 아니라, 문제의 본질, 심연에 다가가 새로운 가능성을 향해 마음을 열어놓은 상태이기 때문입니다.

근원적 상태는 애써 무엇인가를 조작하려는 자기중심성이 없습니다. 보다 중요하고 가치있는 것을 바라보게 하고, 새로운 기회에 귀를 기울입니다. 이 근원적 상태가 지속되면서 우리의 삶은 물론 주변의 환경을 바꾸게 됩니다. 혹 어렵다는 생각이 드나요? 그냥 몇 가지 비법을 배우면 될 텐데 이렇게 해서 어느 세월에 리더가 되는지 의심되나요?

하지만 거듭 말하지만 리더십은 지식이나 테크닉이 아닙니다. 몇 개의 지식과 기술로, 혹은 권력으로 사람들을 마음을 움직일 수 없습니다. 그런 리더십은 변죽만 울리다가 소멸하고 맙니다.

리더십은 '사람들에게 영향을 미치는 일련의 활동과 프로세스'입니다. 우리의 존재방식은 우리의 의도에 관계없이 주변 사람들에게 크고 작은 방식으로 파장을 일으킵니다. 우리의 말과 행동, 이를 가능하게 하는 삶의 철학과 가치는 주변의 사람들에게 내가 누구인지를 드러냅니다. 숨길 수 있다고 해서 숨길 수 있는 것이 아닙니다. 우리의 존재방식은 항상 그렇게 주변에 노출되어 있습니다.

그럼, 근원적 상태로 진입한다는 것은 구체적으로 무엇을 의미할까요? 그것은 다음의 네 가지 상태의 전환을 뜻합니다. 물론 우리는 언제나 이런 상태에 머물러 있지 못할 것입니다. 하지만 이것이 상태의 문제라는 것을 이해한다면, 우리는 언제든 급진적으로 이런 상태로 진입할 수 있습니다.

첫 번째는 안전지향(comfort-centered)의 삶에서 목적지향(purpose-centered)의 삶으로 전환하는 것입니다. 대부분의 경우 우리는 안전한 오두막에 머물러 있기를 원합니다. 우리는 예측가능한 세계 안에 있을 때 자신을 보호할 수 있다고 생각합니다. 하지만 여기에 있는 동안 우리는 리더십을 전혀 발현할 수 없습니다. 생존과 보신에 연연하고, 이를 지키기 위해 보수적인 결정만을 되풀이하는 사람이 있다고 가정해 봅시다. 그가 당신에게 어떤 영향을 미치게 되나요? 안전을 추구한다는 것은 그 자체가 문제가 아니지만, 주변사람들을 흥분시키고 용기와 희망을 주는 일은 아닙니다. 예를 들어 당신의 상사가 당신에게 말하길 "하던 대로 해, 사고치지 말고!" 라고 말하면 어떤 기분이 들겠습니까? 그의 말이 설령 옳다 해도 그 말은 당신에게 아무런 충격을 주지 않을 것입니다. 왜냐하면 그것은 이미 알고 있는 것을 재탕하는 것에 불과하니까요. 거기에는 새로움도 가능성도 없습니다. 하지만 안전지대를 벗어나와 목적을 향한 담대한 여정을 시작한다면 어떨까요? 목적지향의 삶을 선택하는 사람은 "나는 왜 이 일을 하는 것인가?", "궁극적으로 내가 얻고자하는 최종결과는 무엇인가?", "나의 최종 고객은 누구인가?"라고 물을 것입니다. 이런 질문은 통념을 넘어 궁극적인 목적을 생각하게 합니다. 위험을 무릅쓰고라도 가야할 곳이 어디인지를 알려줍니다. 목적지향의 상태는 의미를 만들고 우리를 임파워시킵니다. 그래서 사람들을 일깨우고, 현상을 뛰어넘어 충만함을 경험하게 합니다.

한평생을 하나의 목적을 향해 헌신적으로 산 사람들이 있습니다. 우리는 그들을 위인, 영웅이라고 부릅니다. 그런 삶을 산 사람들은 목적에 다가가 새로운 세상을 보여주었습니다. 우리가 역사 속에서 그들을 기억하고 있다는 것은 우리가 이미 그들의 영향력 안에 포섭되어 있다는 것을 의미합니다.

두 번째는 외부지향(externally directed)의 삶에서 내부지향(internally directed)의 삶으로 전환하는 것입니다. 외부지향이란 생각과 판단의 기준이 밖, 그러니까 사회적 표준, 통념, 타인의 이야기에 의존하고 있다는 것입니다. 우리는 사회적 관계 안에서 살아가고 타인의 영향을 받을 수밖에 없습니다. 우리의 자아 이미지는 이들의 피드백을 통해 형성됩니다. 그러다 보면 종종 자기 대본에 따라 행동하는 것이 아니라, 사회나 권위자가 가르쳐 준 대본에 따라 행동하는 경향이 있습니다. 이런 사람들을 종종 이렇게 말합니다.

"세상 다 그래"
"누가 그러는데 말이야…."
"남들 어떻게 하는지 알아봐"
"괜히 그러다 비난을 받으면?"

이런 말은 외부지향의 전형을 보여줍니다. 우리는 이런 상태에 있을 때 '팔로워(follower)'를 자초합니다. 영향을 미치기보다 영향을 받기로 선택하는 것입니다. 이런 상태에 있는 사람들로부터 용기나 희망을 발견할 수 없습니다. 예를 들어 당신의 상사가 "나도 어쩔 수 없어. 윗분이 시키는 대로 해야지. 고민하지 말고 그냥 하라는 대로 해"라고 말한다면 어떤 느낌이 들겠습니까? 이런 말을 하는 사람들은 스스로 주체이기를 포기하고 더 큰 권위자(외부)의 압력을 따르기로 한 것입니다. 이런 사람들을 이해할 수는 있지만, 그에게서 리더십을 느낄 수는 없습니다.

반면, 내부지향이란 밖이 아니라 자기 내면의 목소리에 귀를 기울이는 것입니다. 자신이 중요하게 생각하는 가치와 원칙에 따라 정직한 태도를 보입니다. 자기모순과 위선을 피하지 않고 소신과 신념을 드러냅니다. 이런 사람들은 내면이 가르쳐주는 대로 진솔하게 사태를 마주하기 때문에 남의 이야기가 아니라 자신의 이야기를 가지고 있습니다. "윗분은 그렇게 말씀하셨지만 나는 ~~라고 생각해, 그러니 일단 우리가 할 수 있는 일을 집중하면서 그 결과를 바탕으로 윗분에게 우리의 입장을 전달하는 것이 좋겠어"라고 말할 것입니다. 또는 "나도 능력이 부족해, 윗분이 그렇게 말씀하시니 너무 당황스럽더라고. 걱정도 되고. 하지만 나는 여러분이 있으니 다행이야. 지금부터는 여러분의 의견이 듣고 싶어"라고 말할 것입니다.

사회적 기대와 욕구를 따르는 것이 무엇이 잘못이겠습니까? 하지만 그것으로는 온전한 자신을 만날 수 없습니다. 우리는 내면을 지향할 때 바람직한 자신과 현재 자신 사이의 간극을 메울 수 있습니다. 사람들은 완벽하고 능력 있는 사람이 아니라, 진솔하게 자기모순을 극복해 가는 사람들을 믿고 따릅니다.

셋째, 자기중심(self-focused)에서 타인중심(other-focused)의 삶으로 전환하는 것입니다. 자기중심은 오로지 자신의 관점에 사로잡혀 자신의 이득을 우선하는 행위입니다. 이것은 매우 본능적인 행동입니다. 하지만 누군가가 이런 상태에 있다면, 우리는 그에게 다가가기 어렵습니다. 이기심이라는 사적 영토에 살며 타인을 배척하고 스스로 고립을 자초하고 있기 때문입니다. 예를 들어 어떤 사람이 사사롭게 자기 안위를 생각하며 자신의 이익에 몰두하고 있다면, 우리도 이들을 경계하고 의심할 수밖에 없을 것입니다.

타인중심의 삶이란 전체의 관점에서 모두의 이득을 고려하는 행위입니다. 타인중심의 삶으로 방향을 틀면 우리는 공적 영토에 살며 다른 사람들을 초대할 수 있습니다. 자신의 꿈보다 모두의 꿈을 생각하는 동안, 더 큰 자부심, 안정감을 느낄 수 있습니다. 리더십을 발휘한다는 것은 근본적으로 타인중심적인 삶과 밀접히 관련되어 있습니다. 자기 욕망을 충족시키는 것이 아니라 함께 하는 사람들의 아픔과 상처를 끌어안고 이 문제와 씨름할 때, 역설적으로 더 큰 이익과 힘을 얻게 됩니다. 그의 말에 귀를 기울이고, 그의 기대에 부합하고자 노력합니다. 자기중심성에 사로잡힌 권력만큼 초라하고 잔혹한 것이 어디 있겠습니까?

넷째, 폐쇄적(externally closed) 삶에서 개방적(externally open) 삶으로 전환하는 것입니다. 폐쇄적 삶이란 마음의 문을 닫고 자신이 가진 생각, 소유물에 집착하여 이것을 방어하는 삶의 태도입니다. 이런 상태에 있으면 자의식이 더욱 커지고, 이를 잃지 않기 위한 불안감이 커집니다. 누군가가 자신을 방어하고 정당화하는데 급급해 한다면, 그래서 속내를 감추고 자신의 입장만을 강변하고 있다면 어떻겠습니까? 이런 사람과 함께 대화가 가능할까요? 토론을 통해 새로운 대안을 만들어 낼 수 있을까요? 아마 불가능할 것입니다. 그런 사람들은 다른 사람을 변화시킬 수 있는 힘이 없습니다. 그런 사람들은 스스로 고립된 성에 갇혀 망상을 꿈꾸다 자멸합니다.

하지만 개방적 삶이란 무한히 변해가는 세상을 향해 자신을 열어놓고 배우기를 열망하는 존재양식입니다. 요새를 구축하는 게 아니라 무한접속이 가능한 삶의 항구를 만드는 일입니다. 자신이 틀렸을 수 있음을 인정하고 모든 피드백을 받아들이는 자신감입니다. 나아가 호기심을 갖고 새롭게 배웁니다. 이런 존재양식의 사람들과 함께 한다면, 우리는 늘 신나는 체험을 하게 될 것입니다. 개방적 태도는 자신감의 표현이자 타인을 환대하는 너그러운 마음입니다. 미지를 향한 변화와 성장의 길을 여는 일입니다.

우리는 이 두 개의 존재방식으로 왔다 갔다 할지 모릅니다. 어떤 때는 일반적 상태에, 또 어떤 때는 보다 근원적 상태에 머물러 있습니다. 하지만 조금 과격하게 말하면 이는 마치 고개를 돌려 오른쪽을 볼 것인지, 왼쪽을 볼 것인지를 선택하는 것처럼 간단한 일일 수 있습니다. 자신이 항상 어떤 상태인지를 알아차린다면 우리는 언제든지 근원적인 상태에 머물 수 있습니다. 그리고 그 결과는 파격적입니다. 근원적 상태에 있을 때 우리는 방어하지 않고 목적에 집중함으로써 새로운 에너지를 끌어옵니다. 사람들과 함께 개방적으로 문제를 해결하면서 생산적인 공동체를 만듭니다. 저는 현실의 많은 리더가 이 상태로 옮겨가지 못함으로써 스스로 고통과 불안 속에 있는 것을 수없이 목격했습니다. 그들은 줄곧 자신을 지키기 위해 남을 비난하느라 여념이 없었습니다. 조직은 더 큰 갈등과 불화를 경험하면서 비생산적인 공동체가 되어갔습니다.

사실 우리는 매 순간 이 두 개의 존재방식에서 갈등하고 있는지도 모릅니다. 하지만 조금만 생각하면 그렇기 때문에 리더가 필요하고, 훈련이 필요합니다. 모든 일이 그렇듯 처음부터 저절로 이루어진 것은 없습니다. 자전거를 타려면 넘어지는 일을 피할 수는 없습니다. 하지만 반복적 훈련은 어느 날 습관이 되고, 습관은 어느새 우리 삶의 일부가 됩니다. 당장 그리 안 되더라도 최소한 중요한 순간, 누군가 책임을 져야 하는 때, 먼저 위험을 감수해야 하는 때, 모두의 아이디어를 모아야 하는 때, 그때 바로 근원적 상태를 선택하는 일을 시작할 수 있습니다. 그래야 문제의 대안이 될 수 있습니다.

우리의 선택이 일순에 조직을 바꾸고 세상을 바꾸는 일은 없습니다. 운이 나쁘다면 일반적인 상태에 머문 사람들 때문에 계속해서 고통을 받게 될지 모릅니다. 정치적 패러다임을 가진 사람들은 당신의 이런 상태를 달가워하지 않을 것입니다. 하지만 그것이 우리가 근원적인 상태의 삶을 살아갈 수 없는 이유가 되진 않습니다. 리더십은 자신을 이끄는 자신과의 승부일 뿐이니까요. 우리는 대부분 무력하고 어리석은 시간을 보내고 있을지 모르지만, 그래도 스스로의 힘으로 한 걸음을 걸을 수 있다면 그 만큼의 희망의 길을 연 것입니다. 또 실패하면 어떻겠습니까? 누군가는 그런 당신을 통해 희망을 보고 있을지도요.

## 덧글

'나는 인종적 편견이라는 깊은 병의 증상이 밖으로 드러난 일을 겪었을 뿐이다. 나는 그 병의 뿌리를 뽑아내기 위해 노력할 것이고, 그 과정에 따르는 고통은 묵묵히 감내할 것이다.'

이 말은 간디 자서전의 한 부분입니다. 심리학자 에릭 에릭슨(Erik H. Erikson)은 간디의 일대기를 조명하면서 이 대목에 대해 다음과 같이 평가했습니다.[21]

'역사적 소명을 발견한 그의 정체성에는 남아프리카 모든 인도인들 가운데 오로지 자신에게 그러한 상황을 바꿀 운명이 부여되었다는 확신이 있었다'.

어떻게 한 개인이 이런 종류의 믿음, 확신, 그리고 책임감을 느낄 수 있었을까요? 그것도 스물다섯 살의 청년이 말입니다. 그런 점에서 리더가 되는 일은 하나의 신비인지도 모릅니다. 그러나 분명한 사실은 간디로 하여금 이 선택에 맞서게 한 것은, 자신이 대체불가의 존재라는 믿음, 그래서 무력감, 쓸모없다는 생각을 떨치고 스스로 고난을 감수하겠다는 내면의 선언이 있었다는 것입니다. 이것은 어떤 면에서 과대망상의 일종이지만, 저는 적어도 이런 종류의 믿음을 갖는 일은 싱겁고 무력하며 한탄을 반복하는 정체불명의 삶과는 분명 대척점에 있다고 믿습니다. 그것은 자기 삶에 대한 사랑이며, 그 삶을 자기 것으로 검증해가고자 하는 진실 실험이기 때문입니다. 그러니 그 결과는 이미 중요하지 않습니다. 일반적인 존재방식에 머물러, 근원적 존재방식을 피하고 있다면, 어느 날 삶은 초라하고 부끄럽기 짝이 없었음을 깨닫게 될 것입니다.

- 나는 왜 리더가 되고자 하는가? 그 동기는 나와 다른 사람들의 마음을 충분히 고양시키는가?

- 스스로 좋은, 훌륭한 리더가 되고자 결단했는가? 이 결단을 위해 필요한 것은 무엇인가?

- 리더의 역할을 포기해야 한다면 그때는 어떤 때라고 생각하는가?

- 비전, 희생, 탁월한 역량을 축적하기 위해 당장 시작해 볼 수 있는 것은 무엇인가?

- 체제유지와 체제개혁적 활동이 양자택일이 아니라면, 이 둘 간의 균형을 어떻게 맞출 수 있는가?

- 집에서, 직장에서, 사회의 한 구성원으로서 그 역할에 관계없이 일관된 리더십을 보일 수 있는가? 그렇지 않다면 왜 그런가? 어떻게 삶 전체에서 좋은 리더가 될 수 있는가?

- 정치적 패러다임에 빠진 사람들과 함께 일하고 있다면 이들과 어떻게 관계를 설정하는 것이 바람직하다고 생각하는가?

- 근원적 상태에 머문다는 것은 무엇을 어떻게 하는 것인가? 자신의 언어로 설명할 수 있는가?

- 주변에 일반적 상태에 머물러있는 사람들로 둘러싸여 있다면, 특히나 당신의 상사가 그렇다면 어떻게 근원적 상태를 유지할 수 있는가?

- 스스로를 셀프임파워시키려면 어떤 노력, 연습이 필요한가?

# 02

리더의 힘은 외부에 대한 의존 없이
스스로 주체가 될 때 나온다.
그 힘은 자기존재에 대한 사랑,
그리고 자신의 고유한 스토리에서 나온다.

# 리더의 힘에 관하여

진정성과 긍휼

# 01

## 리더의 힘은 어디에서 나오나?
### 전문성과 진정성

리더가 자기결단을 통해 사람들의 참여를 이끌려면 필연적으로 이를 가능하게 하는 힘(power)을 보유하고 있어야 합니다. 힘이란 다른 사람을 움직일 수 있는 능력 또는 그 잠재성을 뜻합니다. 이 말은 한 사람이 다른 사람의 행동을 변화시킬 수 있고, 동시에 상대는 그 사람에게 의존하게 된다는 것을 의미합니다. 그러니까 리더십과 힘은 불가분의 관계에 있습니다. 힘을 많이 보유할수록 상대를 효과적으로 이끌 수 있게 되니까요.

그럼 무엇이 이를 가능하게 할까요? 리더는 이런 힘을 어떻게 획득하는 것일까요? 누군가가 주는 것일까요? 스스로 부여하는 것일까요? 리더의 힘은 크게 다섯 가지로 나눌 수 있습니다.[22] 공식적 권한으로서의 합법력(legitimate power), 보상자원을 가지고 있기 때문에 생겨난 보상력(reward power), 물리적인 힘에서 오는 강압력(coercive power), 전문적인 지식과 경험에서 오는 전문력(expert power), 인간적인 매력에서 오는 준거력(referent power)이 그것입니다. 이 중 스스로 어떤 힘을 가지고 있다고 생각하나요? 합법력, 보상력, 강압력은 상대적으로 직위에서 비롯된 것이기 때문에 '포지션 파워(position power)'라고 부릅니다. 그리고 전문력과 준거력은 개인의 특성에 유래하기 때문에 '퍼스널 파워(personal power)'라고 부릅니다.

포지션 파워는 조직이 리더에게 공식적인 인사권, 평가권, 의사결정권, 예산의 집행권 등을 주기 때문에 생겨난 것입니다. 포지션과 관련한 부, 어떤 외양, 장식, 심볼 등도 모두 포지션 파워로 작동할 수 있습니다. 리더가 이 힘을 적절한 때에 적절한 방식으로 사용한다면, 사람들을 효과적으로 통제하면서 문제를 잘 해결해 갈 수 있습니다. 하지만 포지션 파워만으로는 리더십을 제대로 발휘할 수 없습니다. 이는 원천적으로 리더를 따르기로 한 사람들이 리더에게 준 권력이 아니라서 리더의 권력행사가 사람들의 기대와 다를 때 불만과 저항을 유발할 수 있습니다. 게다가 포지션 범위 바깥에서는 그다지 효력이 발생하지 않습니다. 예를 들어 퇴근 후에 사적인 부탁을, 그것도 과도하게 요구한다면, 사람들은 이런 리더의 요구에 순순히 응하지 않을 것입니다. 또 리더가 직장을 떠난다면 어떻게 될까요? 포지션 파워는 더 이상 그 힘이 미치지 않게 됩니다. 그러므로 이 힘은 정당하고 합법적으로 사용되어야 하고, 위기 상황이 아니라면 다수의 동의 없이 사용되어서는 안

됩니다. 종종 이것만으로 사람을 움직일 수 있다고 생각하는 사람이 있다면, 그는 리더의 힘에 대해 심대한 오해를 하고 있는 것입니다.

사람을 보다 근본적으로 움직이게 하는 리더의 힘은 '퍼스널 파워(Personal power)'입니다. 저는 이 힘의 요체는 크게 다음 두 가지라고 생각합니다. 하나는 리더의 '전문성(expertise)'이고, 다른 하나는 리더의 '진정성(authenticity)'입니다. 이 두 힘은 외부 권위자가 부여한 것이 아니라 리더 개인에서 비롯된 것입니다. 이를 발견한 구성원은 이런 리더를 자발적으로 따릅니다. 이는 리더의 카리스마를 만드는 원천이기도 합니다. 포지션 파워가 복종(compliance)을 유발한다면, 이 힘은 몰입(commitment)을 이끌어냄으로써 보다 안정되고 광범위한 영향력을 미칩니다.

그럼, 먼저 전문성이라는 힘에 관해 생각해 볼까요? 전문성은 한마디로 리더가 가지고 있는 지식, 정보, 역량을 뜻합니다. 특정분야에서 뛰어난 지식과 전문성을 갖춘 사람들은 그렇지 않은 사람들을 대상으로 힘을 행사할 수 있습니다. 또 직장에서 오랫동안 경험을 쌓아 노하우를 축적한 구성원이 있다면, 공식적인 직함이 없더라도 그는 상사에게마저 의미 있는 영향력을 미칠 수 있습니다. 전문성은 포지션과 달리 개인에게 귀속되어 구체적 상황에서 문제를 해결할 수 있다는 믿음을 전달합니다. 만일 리더가 구성원에게 전문성을 어필하지 못한다면 어떻게 될까요? 불행하게도 리더십을 발휘하는 일은 한계에 직면합니다.

특히 전문성이 강력히 요구되는 순간, 사람들은 그의 리더십을 의심할 것입니다. 물론 그런 상황이라면 겸허히 구성원들로부터 묻고 배워야 하고, 과감하게 권한을 위양할 수 있어야 합니다. 또 전문성을 쌓기 위해 부단히 노력하여 이를 만회하지 않으면 안 됩니다.

또 하나 리더에게 있어 강력한 힘의 원천은 진정성입니다. 진정성이란 본래 '자기 자신에게 진실하다(true to oneself)'는 의미입니다.[23] 자신에게 진실하게 보이는 것보다 다른 사람에게 진실하게 보이고 싶다는 욕망은 때로 죽음의 공포보다 더 강렬합니다. 누구는 명예를 위해, 누구는 부끄럼 때문에 죽음을 불사합니다. 그것은 인간의 뇌가 사회적 뇌로 진화해오면서 타인의 마음을 읽는 일을 중요한 과제로 발달시켜 온 때문입니다. 타인을 의식한다는 것은 보다 의미로운 삶을 살고자하는 소명의식으로 발전하기도 하지만, 반대로 적당히 자신을 감추고 과장하는 역할극의 원인이 되기도 합니다. 사회적 성취를 이룬 사람들 중에 추한 이면이 드러나는 일을 지켜보노라면 역할극은 오늘을 사는 생존의 기술이며 처세인가를 의심케 합니다.

차명, 허위, 조작, 거짓, 위선, 추행, 폭행, 가짜뉴스, 음해… 요즘 언론에 자주 등장하는 말들입니다. 고객을 최우선이라고 말하는 경영자, 국가와 국민을 위한다는 정치인, 온갖 수사로 자신을 변호하는 사람들의 말은 양치기 소년처럼 이제 진의를 전하기 어렵게 되었습니다. 그래서 그런지 우리도 시종 무심코 '레알?', '실화임?', '찐'을 연발합니다. 남의 요구와 기대 때문에 자신의 본심을 감추거나 혹은 환심을 사고 이득을 취할 요령으로 이 가면극에 매달리면, 무대 뒤는 온통 불안으로 가득 찰 수밖에 없습니다. 그것은 탄로의 공포가 아니라 자기배반이라는 정신착란과 싸워야하기 때문입니다.

'자신에게 진실하다는 것'은 무엇을 의미할까요? 그것은 일차적으로 자신을 속이지 않는 것입니다. 남들이 지켜보는 것과 관계없이 절대 고독의 순간에서 자기를 배반하지 않는 것입니다. 중용(中庸)에는 '군자는 보지 않는 곳에서 삼가고, 들리지 않는 곳에서 스스로 두려워한다.'라고 합니다. 이를 '신독(愼獨)'이라고 하지요. 남들이 없는 혼자 있는 순간에서도 스스로 삼갈 수 있는 사람은 자기 자신을 절대화하고 여기에 복종하는 사람입니다. 그런 사람들은 타인의 시선이 아니라, 자신의 가치와 신념에 따라 행동하고 스스로 높은 도덕적 자부심을 지켜갑니다. 그것이 진정성입니다.

종종 어떤 리더는 사람들이 자신을 알아주지 않는다고 서운해 합니다. 하지만 그것은 타인에게 진실해 보이고자 하는 욕망이지, 자기 자신에 대한 진실함과는 거리가 멉니다. 정작 서운함을 느껴야 하는 것은 타인이 나를 알아보지 못하는 것이 아니라, 내가 나를 배반하고 있다는 사실입니다. 진정성 있는 리더는 말과 행동에 위선이 없고, 자신이 추구하는 목적, 가치와 현재 삶 사이의 차이를 메우고자 부단히 노력합니다. 확고한 신념을 가지고, 다른 사람들을 진실하게 대합니다. 이제 이렇게 말하면 성인군자가 되란 말인가?'라는 생각이 들지요? 맞습니다! 하지만 성인군자라기보다 성인군자가 되기 위한 부단한 정진의 과정이 리더십입니다. 우리는 평범한 사람이니 수없는 오류와 실수를 범합니다. 하지만 그런 실수와 오류를 알아차리고 솔직하게 인정할 수 있는 용기가 있다면 얼마든지 진정성을 다시 지킬 수 있습니다.

구성원들은 겸허히 자기모순을 들추는 리더를 신뢰합니다. 겉으로는 번지르르하게 말하면서 행동은 전혀 다른 리더라면 사람들은 배신감을 느낍니다. 그래서 진정성이 없는 리더일수록 진정성을 드러내 보이고자 분투합니다. 좋은 인상을 주기 위해 멋진 차를 타고, 멋진 옷을 입고, SNS 등에 자신의 품위 있는 모습을 노출하면서 사람들의 인식을 통제합니다. 기업도 진정성이 없을수록 과장광고에 몰두합니다. 물론 리더의 친절한 행동, 애정 어린 관심, 매력적인 말씨 등은 구성원들에게 분명 좋은 인상을 줍니다. 이런 것들 역시 폭넓게 준거력(referent power)이라는 권력의 범주에 포함됩니다. 하지만 진정성이 없다면 그 모든 행동은 사기극일 뿐입니다. 우리 사회 수많은 엘리트가 타락하는 장면을 보았나요? 그들의 타락은 다름 아니라 이 진정성의 부재였습니다.

진정성 있는 리더는 자신에게 진실하므로 자신을 과장하고 꾸밀 아무런 이유가 없습니다. 사람들은 이런 리더와 심리적으로, 도덕적으로 밀착되고, 이들을 자신의 역할모델로 받아들입니다. 진정성 있는 사람들이 다른 사람의 마음과 공명하기까지는 오랜 시간이 걸릴지 모르지만, 진정성이 각인된다면 강력한 힘을 발휘합니다. 특히 위기나 혼돈의 상황이라면 이런 리더의 존재는 사람들의 힘을 결집시킵니다.

전문성과 진정성은 리더의 힘을 지탱하는 두 개의 기둥입니다. 하지만 이 둘이 불균형하다면 리더는 어떻게 될까요? 전문성은 있는데 진정성이 없다면 구성원의 헌신을 이끌 수 없고, 반대로 진정성은 있는데 전문성이 없다면 현실을 돌파할 대안을 주지 못할 것입니다. 전문성이 필요조건이라면 진정성은 충분조건입니다. 그러므로 리더라면 부단히 정진하며 전문성을 쌓아야 하고, 또 일의 이유와 목적에 비추어 자기 행동이 일관성을 이루면서 진정성을 확보해야합니다.

그럼, 이 두 힘을 가졌다면 사람들을 모두 자기 뜻대로 움직일 수 있을까요? 그렇다고 단언할 수는 없습니다. 단지 그럴 가능성이 높을 뿐입니다. 리더는 공동의 목적을 달성하는데 자신의 힘을 선용해야만 사람들의 정서적인 몰입을 이끌 수 있습니다. 힘을 선용한다는 것은 그 힘에 기반하여 적절한 전술적 행위(tactic)를 발현하는 것입니다. 전술적 행위는 리더가 원하는 것을 얻고자 취하는 일련의 행동입니다. 연구에 의하면 리더가 발휘하는 여러 전술적 행위 중에 구성원의 깊은 몰입을 이끄는 행위는 다음 세 가지로 나타납니다.[24]

» 영감적 호소(Inspirational appeals): 공동의 목적과 가치에 호소하여 사람들의 감정을 고무시키는 것. 사람들의 이상과 가치, 자아개념, 비전 등에 호소하고, 자신감 있고 낙관적인 태도를 견지함.

» 합리적 설득(Rational persuasion): 증거, 데이터를 동원하여 합리성과 이성에 호소하여 설득하는 것. 목표의 정당성, 목표달성의 이득이나 근거, 문제를 해결하기 위한 플랜, 잠재적인 문제를 다루는 방법 등을 전달함.

» 의논(Consultation): 대등한 입장에서 함께 논의하며 협력적 대안을 찾는 것. 가설적 대안을 제시하고 구성원의 의견을 듣고 함께 수정해 나감.

진정성과 전문성을 보유한 리더들은 영감적 호소, 합리적 설득, 의논이라는 전술적 행위를 자연스럽게 활용합니다. 이런 리더들은 사적 욕망을 실현하고자 사람의 환심을 사는 다른 술책을 사용할 이유가 없습니다. 그들은 자신의 생각, 신념, 철학에 따라 구성원에게 영감을 불어넣고, 합리적으로 설득하며, 구성원의 참여를 이끌어내는 정직한 행동을 할 뿐입니다. 하지만 전문성과 진정성이 빈약하고, 상대적으로 포지션 파워에만 의존하는 리더들이 있다면 어떨까요? 그들은 위 세 가지를 사용하기에는 자기존재에서 오는 힘이 빈약합니다. 그러므로 이들은 상호교환과 거래, 타협, 인간적 결탁, 협박, 위협, 칭찬, 어르고 달래기 등과 같은 변칙적 전술에 의존합니다. 시간이 지나면 이런 행동은 리더를 불신하게 만들고 조직을 혼탁한 정치판으로 만듭니다.

## 전문성과 진정성은 어떻게 개발해야 할까?

전문성을 개발하는 일은 그 방법을 모르지 않을 것입니다. 자신이 구현하고자 하는 분명한 목적이 있다면 그 목적을 실현하는데 요구되는 전문역량이 밝혀지고, 이를 구축하기 위한 지속적이고 반복적인 훈련을 해야 합니다. 이는 단지 자격증이나 학위를 따는 것처럼 지적활동만을 포함하는 것은 아닙니다. 현실의 문제를 해결할 수 있는 실제적인 역량과 노하우를 축적하는 일입니다. 그러려면 자기 전문성이 자신과 조직의 목적을 구현하는데 얼마나 결정적인가를 점검해야 합니다. 그래야 그 역량을 개발해야 하는 이유와 동기가 생겨납니다. 그런 역량은 차별화되고 예리하며 탄탄해질 수 있습니다. 역량이 차별화되고 예리하다는 것은 자기 분야의 핵심적인 과제들을 해결할 수 있는 독창성과 독보성을 확보하고 있다는 것입니다. 이런 역량은 차별적인 목적으로부터 연역되어 목적을 실현하기 위한 근원적인 지식과 경험들로 채워집니다. 하지만 그렇지 못한 역량은 다른 사람이 중요하다고 생각하는 역량을 베낀 것이므로 당연 그 예리함을 잃게 됩니다. 역량이 차별성과 예리함을 잃어버린다면 마치 무딘 칼과 같아서 문제를 제대로 도려내지 못할 뿐만 아니라 혁신적 대안을 만들지 못합니다. 그러므로 전문성을 개발하려면 자신의 목적과 그 목적실현을 가능하게 하는 역량을 먼저 정의해야 합니다. 전문성 개발과 관련해서는 이 책의 5부 〈리더의 성장〉편에서 더 자세히 논의하겠습니다. 여기서는 대신 어떻게 진정성을 구축해 갈 수 있는가를 좀 더 생각해 보겠습니다.

한 개인의 가치와 신념이 오랫동안 내재화되면 정체성의 일부가 됩니다. 그러면 사람들은 아무렇지도 않게 행동하는데도 일관성을 보입니다. 그때 사람들은 그를 '진정성 있다'고 느낍니다. '진정성(眞情性)'은 한 개인의 '진정성(眞正性)'이 사회적 공명을 일으켜 상대의 마음을 움직였다는 것을 의미합니다.[25] 삶의 목적과 가치를 발견하고, 이를 자기 일상에서 현실화하려는 일관된 노력이 사람들의 심금을 울릴 때 정서적인 진실함이 전달됩니다. 관습적인 생각과 가치에 매몰되어 있거나 자기 성찰이 없어 모순을 덮고 있다면 진정성은 전달되지 않습니다. 정직하고, 성실하며, 용기 있고, 타인을 사랑하는 마음이 자기 정체성으로부터 흘러나올 때 진정성이 발현됩니다. 진정성은 리더십의 뿌리(root)이며, 리더십의 '오래된 미래'입니다.

세상을 전쟁터로 간주하고 온갖 비상한 전략과 전술로 무장한 리더들은 오늘날의 복잡성 속에서 속수무책입니다. 그들은 편협한 방식으로 성공을 정의하면서 구성원, 조직, 심지어 고객들을 도구화하는 일을 서슴지 않습니다. 그런 점에서 진정성은 절실한 시대적 요청입니다.[26] 혹 이런 리더의 모습이 진부하게 느껴지나요? 이를 개발하는 일이 막연하게 보이나요? 거듭 말하지만, 이런 의심은 우리가 즉각적인 답을 찾는데 익숙한 나머지 보다 중요한 것을 간과하는 우를 범하고 있기 때문입니다. 리더십은 근본적으로 자신의 캐릭터, 삶을 훈련함으로써 인격적 성숙에 다가가는 일입니다. 동양의 현자들은 이미 오래전부터 이를 강조해 왔습니다. 의식과 생각을 통제하고 자신과 세상을 자기 삶으로 품을 수 있는 이타적 힘을 단련하지 않고 세상을 구원하는 일에 나설 수는 없습니다.

진정성을 개발하는 일은 목적(사명)과 가치를 아이덴티티에 통합하여, 삶 속에 지속적으로 뿌리내려가는 과정입니다. 이는 1)자신을 더 큰 사람으로 성장시키려는 동기와 의지, 2)세상의 요구로부터 느껴지는 자기책무, 그리고 3)이를 해결하기 위한 창조적 역할을 품을 때 가능합니다. 이는 쉼 없는 과정(on going process)이라서 시작과 끝이 따로 있을 수 없습니다. 언제 시작해도 되지만 그 여정은 끝이 없습니다. 요행이나 요령 같은 것은 애초에 가당치 않습니다. 매일 자기 목적과 가치를 통해 현재의 일상을 조명하면서 자기를 고양시켜가는 일을 멈추지 않는 것입니다. 스스로 자기를 극복해가는 도전은 그 자체가 이미 엄청난 성장의 즐거움입니다. 많은 리더십 연구자들은 진정성 개발의 요체는 결국 '자기인식(self-awareness)'과 자기규제(self-regulation)라는 활동으로 귀결된다는데 동의합니다.[27] 이를 좀 더 생각해 보겠습니다.

자기인식은 궁극적으로 삶의 좌표가 되는 목적과 가치를 발견하는 것입니다. 개인의 감정, 강점, 성격, 스타일을 발견하는 것은 자기인식의 부분일 수는 있지만, 그것이 본질이 될 수는 없습니다. 자기인식은 내면의 순수한 어떤 결정체로서의 고유성을 확인하는 것이라기보다 자신이 어디에서 와서 어디로 가려고 하는지를 설명할 수 있는 스토리로서의 자아를 규명하는 일입니다. '나는 누구인가?'라는 질문으로부터 시작하지만 종국에는 '나는 무엇을 향해 가는가?'라는 물음에 답하는 것이라 할 수 있습니다. 즉 삶의 목적(사명)과 가치를 발견하는 일이 바로 자기인식의 요체입니다.

영화 〈메멘토〉의 주인공은 단기기억 상실증을 앓고 있습니다. 그는 단편적으로 경험하는 사건들 속에서 분절되어 있는 자기 모습 때문에 곤경에 처합니다. 파편화된, 그러나 쉬이 재생되지 못하는 기억들로 인해 일관된 자아감각을 유지하지 못합니다. 그는 애써 자기 몸에 메모를 해가며 기억을 지탱시키려 애쓰지만, 좀처럼 자신이 누구인지, 어디에 있는지, 어디로 가려 하는지를 알지 못합니다. 우리 삶이 영화의 주인공처럼 흩어진 기억들로 인해 개연성 없는 이야기로 체험된다면 어떻게 될까요? 불안과 공포 때문에 현재의 자극에 매달리거나, 자신을 보호해주는 더 큰 권위자와 집단에 의존하거나, 타인의 인정을 받기 위해 발버둥 치게 될 것입니다.

"괜찮아. 문제없어"
"잘하고 있는 거야"

때로 이런 말들의 이면에는 삶의 불안감이 자리하고 있습니다. 개인적으로 최근 긍정심리학이 표방하는 행복에 관한 우리 사회의 논의들이 왠지 석연치 않은 면들이 있다고 생각합니다. 그것은 불안한 자아감각을 애써 행복으로 포장하고 있다는 인상입니다. 사실 심리학적으로 인간이 행복을 느끼기 위해서는 그저 몇 가지 조건을 갖추면 충분합니다. 먼저, 1)자신이 남보다 우수하다는 착각을 해야 하고, 2)잘 할 수 있다는 자기 확신을 해야 하며, 마지막으로 3)결국 잘 될 것이라고 낙관하는 것입니다. 약간의 망상, 자만, 그리고 적당한 현실왜곡이 행복을 보장할 수 있습니다. 하지만 이런 행복을 진짜 행복이라고 할 수는 없을 것입니다. 오히려 이런 태도는 삶의 좌표가 되는 목적을 잃었다는 증거입니다. 물론 우리는 자기 확신, 낙관이 필요하고, 다른 사람들의 지지도 필요합니다. 하지만 그에 앞서 스스로 자신이 무엇을 지향하는 지에 대해 보다 선명한 인식이 없다면 온전한 삶을 유지할 수는 없습니다.

자기인식은 먼저, 자신의 고유함(unique)'을 발견하고 이를 수용하는 일입니다. 남과의 비교우위로서 장점, 강점이 아니라 원래 내 안에 있는 나의 고유한 재능, 한계, 그리고 가능성을 확인하는 것입니다. 내게 주어진 재능, 한계, 가능성은 원래의 나가 누구인지를 드러냅니다. 이를 인정하고 수용할 때 우리는 세상과 어떻게 관계를 형성해야 하는지를 알 수 있습니다. 다음으로 나와 함께 살아가는 타자의 존재를 인식하는 것(social awareness)입니다. 그들의 삶을 끌어안음으로써 여기에 연루된 자신의 역할과 책무를 발견할 수 있고, 그로부터 삶의 목적을 가설적으로 설정할 수 있습니다. 자기목적으로서의 좌표와 이를 수행하기 위한 창조적 역할을 확인하면, 잠정적이지만 자기 존재감이 드러납니다. 네브라스카 대학의 아볼리오와 가드너(Avolio & Gardner)교수는 자기인식을 고유한 재능, 목적, 가치. 욕망을 발견하는 지속적인 프로세스라고 강조합니다.[28] 일회적 사건이 아니라 지속적으로 자신을 규정하고 새롭게 탄생시켜가는 과정의 연속이라는 것입니다.

일반적인 리더십 훈련에서 자기인식을 돕는 두 종류의 도구가 있습니다. 하나는 성격과 스타일 등을 측정하는 도구들이고, 다른 하나는 360도 진단피드백 같은 도구들입니다. 저는 개인적으로 이 도구들이 사람들의 고유성을 일방적으로 규정하면서 깊은 자기성찰을 도외시하는 측면이 있었다고 평가합니다. 외적인 도구에 의한 발견과 처방은 자기인식의 과정을 매우 수동적이고 비주체적으로 만들 우려가 있습니다. 그보다는 자기 삶을 가만히 돌아보면서, 내가 어떤 존재이고, 무엇을 구현해야 하는지를 묻는 성찰의 과정이 자기인식의 핵심이 되어야 합니다. 책을 읽고, 사람을 만나고, 길을 걷고, 여행을 하면서 지나온 삶과 살아갈 미래를 탐색해 보아야 합니다. 서두를 필요도 없지만 포기할 필요도 없습니다. 이는 누가 대신해 줄 수도 없고, 다른 사람에 의존할 수도 없는 각자가 풀지 않으면 안되는 삶의 과제입니다. 더군다나 내가 어떤 공동체를 책임진 사람이라면 이런 성찰 없이 어떻게 사람들을 이끌 수 있겠습니까?

진정성을 개발하는 두 번째는 '자기규제'입니다. 자기규제는 자신의 목적과 가치, 사회적 역할과 책무가 지금 현재와 얼마나 간극이 있는가를 확인하고, 이를 메우기 위한 활동을 루틴화하는 것입니다.[29] 스스로를 통제하여 바람직한 방향으로 나아가도록 하는 자기훈련입니다. 어떤 사람들은 외부 자극이 없는 한 변화하지 못하지만, 어떤 사람들은 스스로 자기 안에 선생을 두고 스스로를 절제합니다. 어떤 일도 내재화된 자기규제의 프로세스(internalized regulatory process)가 없이 성공할 수는 없습니다. 생각, 행동, 감정을 적절히 통제할 수 있을 때 우리는 탁월함에 이를 수 있습니다. 최고의 무용수, 최고의 스포츠맨, 최고의 리더들은 모두 오랜 시간 자기절제와 규제를 통해 가장 완벽한 행동을 만들어 냈습니다. 오디세우스는 트로이 전쟁이 끝나고 자신의 고향마을 이타카로 돌아가는 길에 세이렌의 협곡을 지납니다. 세이렌은 협곡을 지나는 사람들에게 감미로운 노래를 불러 물에 빠뜨린 뒤, 이들을 잡아먹는 요정입니다. 오디세우스는 자신이 세이렌의 유혹을 이길 수 없다는 사실을 인정하고, 부하들의 귀를 밀랍으로 막고 자신의 몸은 돛에 매달아 협곡을 무사히 빠져나갔습니다. 그리스 역사상 최고의 불굴의 영웅이었던 오디세우스조차 자신을 결박하지 않고는 세이렌의 유혹을 이길 수 없다는 것을 인정한 셈이지요.

내적 가치와 목적을 세웠다면 현재와의 격차가 드러납니다. 이 격차가 만들어 내는 긴장이 행동의 동기를 유발합니다. 피터센게(Peter Senge)는 이를 '창조적 긴장(creative tension)'이라고 불렀고,[30] 칙센트미하이는 '플로우(flow)'라고 불렀습니다.[31] 창조적 긴장, 플로우가 없이 변화는 있을 수 없습니다. 이것이 목적지에 대한 열망을 끊임없이 솟아나게 하는 열정의 샘물입니다. 종종 어떤 사람들은 이 창조적 긴장감을 견딜 수 없어 목적지의 수준을 낮추거나("인생 뭐 있어?"), 현실을 정면으로 바라보는 일을 피합니다.("내가 뭐가 문제야?") 또 언젠가 밖에서 보상이 주어져야만 그때 비로소 변화할 수 있다고 말합니다. 그러나 그런 사람들은 스스로 미숙아이길 자처하는 꼴입니다. 진정성 있는 리더들은 자기목적과 가치를 내재화함으로써 그 목적과 현재 사이의 팽팽한 긴장을 유지하고 스스로 성장을 촉진합니다. 두려움이 없어서가 아니라 진심으로 중요한 것을 알기 때문에 변화의 용기가 생긴 것입니다. 이런 긴장감은 사람들과의 관계를 왜곡시키지 않고 그들로부터의 피드백을 편견 없이 수용하며 진실한 관계를 만듭니다.

생각해보면 자기인식과 규제 없이 누구도 최고가 될 수는 없습니다. 모든 성공한 리더, 전문가, 현인들은 이 과정을 통해 스스로를 단련시켰을 뿐 아니라 난관과 혼돈을 헤치며 남들이 할 수 없는 혜안을 제시했습니다. 망망대해의 불확실성을 어떻게 뚫고 가겠습니까? 몇 개의 조작적 스킬로 가능하다고 믿는다면 망상에 빠진 것입니다. 진정성을 개발하는 일은 자신을 보다 좋은 사람, 탁월한 사람으로 만들기 위한 노력이며, 자신과 다음 세대를 위한 터전을 만드는 일입니다. 리더가 되고자 한다면 너무나 당연한 의무이고 책임입니다.

# 덧글

진정성은 도전적 과제이지만 그렇다고 못할 일은 아닙니다. 자기 삶의 작은 루틴을 만들어 반복하는 동안 마치 근육이 커지듯 더 단단해지는 경험을 할 수 있습니다. 다음은 자기인식과 규제를 통해 진정성을 높이는데 도움이 되는 활동들의 예시입니다. 도전해 보지 않겠습니까?

» 혼자만의 조용한 시간을 가져라. 고독 속에서 자신이 무엇을 중시하는지, 어떤 사람인지, 어떤 사람이 되어야 하는지 자주 정의해보라.

» 일기를 써라. 매일, 매주 적당한 주기로 꾸준히 자신의 삶과 그 생각을 글로 정리하며 자신과 대화하라.

» 매순간 자신의 생각, 감정 상태에 주목하라. 자신의 고유한 성향(강점, 스타일, 정서, 의식)을 발견하고 그것이 자신에게 어떤 영향을 미치는지 확인하라.

» 주변 사람들의 말과 행동에 주의를 기울여라. 그들이 주는 모든 정보가 당신의 거울임을 인식하라.

» 책을 읽고 새로운 사람을 만나며 없었던 새로운 관점을 배워라. 나의 잠재성, 강점을 개발하는 기회가 될 것이다.

» 살아가고 있는 시대와 역사를 읽어라. 이 시대를 사람들의 고통, 상처, 열망을 읽고 책임과 의무를 생각하라. 이를 어떻게 극복해야 하는지, 다음 세대를 위해 무엇을 해야 하는지 물어라.

» 일상에 벌어지는 수많은 사건들을 학습의 경험으로 바꾸어라. 그것이 자신의 책임, 역할과 어떤 갭을 보이는지 파악하고 이를 메울 수 있는 행동을 찾아 실험하라.

» 실험적인 프로젝트를 기획하고 시도하면서 자신이 어떤 유혹과 난관도 이겨낼 수 있는 단단한 믿음을 가졌는지 점검하라.

» 주변사람들을 함께 참여시키고 그들로부터 자신의 행동에 대한 정보를 얻어라. 그들을 지원군으로 만들어라.

» 해야 할 과업들을 세부적으로 나누고 하나씩 결과물을 얻어라. 그 결과로 내가 나다운 삶을 살아가고 있는지 검증하라.

# 어떻게 사람들을 내 편으로 만드나?
### 진정성을 증명하기

"이렇게 열심히 했는데, 사람들이 제 마음을 알아주지 않아요."

자신의 진심이 다른 사람들의 공감을 얻지 못할 때, 리더는 큰 좌절과 상처를 경험합니다. 많은 노력을 기울였는데도 진정성이 전달되지 않는다면 배신감, 자괴감, 억울함, 분노, 무력감이 느껴집니다. 살면서 이런 느낌을 완전히 피할 수는 없습니다. 다른 사람들이 다 내 맘 같지는 않으니까요. 하지만 이런 마음이 든다면 잠깐 생각할 것이 있습니다.

첫째, 이런 상황이 닥치면 타인을 비난하기 전에, 리더로서 내가 구성원들에게 가지고 있었던 의도와 기대가 과연 정당한 것이었는가를 물어야 합니다. 왜냐하면 우리의 의도와 기대는 구성원들의 생각과 관계없이 만들어진 것일 수 있고, 그들에게 충분히 공감을 얻지 못한 것일 수 있기 때문입니다. 그렇다면 우리의 의도와 기대는 억측이 됩니다. 먼저 1)자신의 의도, 기대가 옳은 것인지, 2)그것이 구성원들에게 충분히 이해와 공감을 얻었는지, 그렇지 못했다면 그 불찰을 인정하는 것이 먼저입니다.

둘째, 어떤 결과는 반드시 우리가 기대한 시점에, 우리가 기대한 수준으로 나타나지 않는다는 것을 이해해야 합니다. 구성원들은 내가 원하는 때, 내가 원하는 방식으로 행동해야 할 이유가 없습니다. 다만 우리가 예측한 시점과 수준으로 반응하지 않은 것이니 겸허히 그 이유와 원인을 찾아내는 것이 중요합니다. 대부분의 변화는 특정한 조건이 성숙되어야만 일어납니다. 사람들이 나를 알아주지 않는 것은 아직 때가 아닐 수 있고, 아직 그런 환경이 아니기 때문일 수 있으며, 내 노력이 부족했기 때문일 수 있습니다.

셋째, 정녕 최선을 다했다면 결과에 연연할 필요가 없습니다. 어떤 경우, 그것은 우리의 몫이 아닙니다. 공자는 자신의 정치적 이념을 전파하기 위해 온 제후국을 떠돌며 벼슬을 구걸했지만, 끝내 제대로 받아들여지지 않자 세상을 탓하지 않고 돌아와 후학을 키우는 일에 몰두했습니다. 소크라테스 역시 자신의 진정성을 사람들에게 증명하지 못하고, 모함을 받아 마침내 스스로 독배를 마셨습니다.

구성원이 내 마음을 알아주지 않는 것은 지극히 자연스러운 일입니다. 그러니 분노하거나 서운해 하기보다 내가 먼저 그들을 이해하려는 노력을 시작해야 합니다. 억측으로 기대해 놓고, 그 불일치 때문에 서운함을 느낀다면 자가당착에 빠지는 것입니다. 먼저 자기 안에서 벌어지고 있는 감정, 모순, 불일치를 알아챌 필요가 있습니다.

## 어떻게 내 마음을 전할까?

여기에 특별한 비법이 있는 것은 아니지만 그 원리를 이해해 봅시다. 리더십을 좀 더 소박하게 말한다면 '구성원을 내 편으로 만드는 것'입니다. 내 편으로 만든다는 것은 '구성원을 내 맘 같게 한다'는 것입니다. 구성원이 내 맘과 같다면 사람들은 나처럼 알아서 행동할 테니 리더십의 문제가 저절로 해결되겠지요? 사실 이것이 리더십의 알파요, 오메가라고 할 수 있습니다. 그런데 어떻게 다른 사람을 내 맘과 같게 할 수 있을까요? 이게 과연 가능한 일이긴 한 걸까요? 우리는 각자 서로 다른 삶의 역사를 살아왔고, 다른 뇌 구조를 가졌는데 내 맘 같기를 기대하는 것은 완전 오버(over)아닌가요? 맞습니다! 가족인들, 친구인들 어찌 다 내 맘 같겠습니까? 우리는 태생이 원래 고독하고, 그래서 외로움과 슬픔을 피할 길이 없으며, 오해와 곡해를 뒤집어쓰고 삽니다. 그런데 문제는 혼자 그 고독을 즐길 만큼 강건하지도 않고, 또 혼자서 할 수 있는 일이란 극히 제한적이라는 것입니다. 완전 딜레마죠. 마음을 같게 할 수는 없지만, 같게 하고 싶은 열망. 그 아이러니가 리더십의 비극이고 숙명입니다.

'리더'란 어떤 사람일까요? 그들은 이 아이러니에 맞서 사람들의 마음을 한 데 모으려는 기이한(?) 사람들입니다. 이들은 실존적 고독이 주는 절망을 넘어서고자 발버둥치는 사람들입니다. 불발로 끝날 것을 알면서도 한 뼘의 희망을 만들려는 영웅적인 투사들인 거지요. 아니, 대체 왜 이러는 걸까요? 왜 그들은 끝없이 유예될 수밖에 없는 이 무모한 도전에 나서는 것일까요? 이 강력한 충동은 어디서 오는 것일까요? (그런 점에서 나는 리더의 역할을 하는 모든 사람을 존경합니다.) 처음부터 환심을 사려고 작정한 사이비 리더가 있고, 여기에 성공하지 못하는 리더가 있고, 마침내 마음을 한데 모으는 데 성공한 리더가 있습니다. 이 최후의 리더가 되려면 사람들의 마음을 한데 모아야 하는 일에 뛰어들어야 합니다. 어떻게 해야 하는지 생각해 볼까요?

사람들을 내 맘 같게 하려면, 먼저 리더로서 자신의 콘텐츠를 생각해 보아야 합니다. 여기서 콘텐츠란 나의 마음, 즉 나의 의도와 목적을 말합니다. 사람들을 내 맘 같게 하고 싶다면 이 콘텐츠를 점검해야 합니다. 1)내 의도와 목적은 사람들이 보기에 정당한 것인지를 물어야합니다. 조직의 목적으로부터, 더 큰 이상으로부터 연역된 것일 때 목적과 의도는 비로소 정당합니다. 만일 의도와 목적이 나의 사사로운 욕구에서 비롯된 것이라면 구성원들은 내 맘을 구매할 이유가 없습니다. 목적과 의도는 정당할 뿐 아니라 남을 속이지 않는 진실한 것이어야 하고, 보편성을 갖고 있어야 합니다. 거기에 합리적 이유와 근거가 있을 때 사람들은 목적과 의도에 귀를 기울이고, 이런 마음을 이해하려고 할 것입니다. 다음으로 2)목적과 의도는 구성원의 마음을 살 수 있을 만큼 충분히 매력적이어야 합니다. 그들의 아픔과 상처를 치유하고, 욕구와 열망을 충족시킬 수 있어야 하고, 나아가 그들의 정체성과 부합함으로써 자부심, 긍지, 보람을 줄 수 있어야 합니다. 또 많은 어려움이 예상되긴 하지만 그럼에도 충분히 가치있는 담대한 이상을 품고 있어야 합니다. 반대로 저급한 욕망, 이기적인 목적을 가졌다면 그 마음이 들통나는 순간, 사람들은 나에게서 등을 돌리게 될 것입니다. 다음은 나의 컨텐츠를 점검하는 체크리스트입니다.

» 나의 목적과 의도는 조직의 이상, 목적, 혹은 보편적 가치로부터 연역된 것인가?

» 나의 목적과 의도는 구성원, 고객들의 상처와 아픔을 치유하고, 그들의 욕구와 열망을 충족시키는가?

» 나의 목적과 의도는 내적으로 논리적 모순이 없는가?

» 나의 목적과 의도는 정당하고, 보편적인가?

» 나의 목적과 의도는 사람들에게 자부심, 긍지, 보람을 주고 있는가?

» 나의 목적과 의도는 환경의 변화, 사람들의 열망에 따라 지속적으로 공진화할 수 있는가?

두번째로 사람들을 내 맘같게 하려면 콘텐츠를 전달하는 과정의 문제를 검토해야 합니다. 좋은 목적과 의도를 품었다 해도 그 마음을 전달하는 과정이 불충분하다면, 리더의 마음은 사람들의 마음속에 닿지 못할 것입니다. 마음이 제대로 전달되려면 자신의 목적과 의도가 진실임을 증명해야 합니다. 그 핵심은 언행일치입니다. 어제와 오늘이 다르고 여기와 거기가 다르다면, 마음은 명료하게 전달되지 않고 의심을 살 수 밖에 없습니다. 전 세계 75,000명을 대상으로 리더에게 가장 중요한 덕목이 무엇인가를 조사한 연구에서 구성원들은 '정직'을 리더가 보유해야 할 최고의 가치로 꼽았습니다.[32] 이 결과는, 사람들이 리더의 목적과 의도가 정말로 진실한 것인가를 확인하려는 강력한 욕구가 있음을 보여줍니다. 어쩌면 리더십이란 한마디로 진실게임인지도 모릅니다. 진실은 단 하나의 사건, 하나의 말로 증명되지 않습니다. 리더는 꾸준히 자신의 목적과 의도를 행동으로, 과업으로, 프로젝트로, 상품으로, 서비스로 증명해낼 수 있어야 합니다. 중간 중간 사람들이 보여주는 불신의 신호가 있다 해도 진정성을 담아 묵묵히 이를 입증해야 비로소 구성원들의 마음속에 리더의 의도와 목적이 스며들 수 있습니다. 다음의 행동들은 리더의 목적과 의도를 전달하는데 사용할 수 있는 체크리스트입니다.

» 나는 내 목적과 의도를 사람들이 이해하기 쉬운 용어로 표현하고 있는가?

» 나는 내 목적과 의도를 일의 시작, 중간, 끝에 정기적으로 리뷰하고 있는가?

» 나는 내 목적과 의도를 적절한 은유, 비유, 사례를 포함하여 소통하고 있는가?

» 나는 내 목적과 의도에 대해 구성원들과 개방적으로 토론하는가?

반론과 재반론을 허용하는가?

» 나는 내 목적과 의도를 모든 채널(회의, 면담, 메일, SNS 등)을 동원하여 전달하는가?

» 나는 내 목적과 의도를 중요한 사건에서, 더욱 활발히 논의하고 있는가?

» 나는 내 목적과 의도를 말이 아니라 행동으로, 프로젝트의 결과로 전달하고 있는가?

» 일상의 룰, 리추얼, 규범, 제도, 시스템은 나의 목적, 의도와 잘 부합하는가?

» 나는 내 목적과 의도를 전달하기 위해 계속해서 새롭고 창의적인 방안을 모색하고 있는가?


혹 '이 모든 것을 언제 하냐?'고 반문할지 모르겠습니다. 하지만 이것이 리더가 하는 일의 전부입니다. 리더의 핵심적 과업은 자신의 마음을 사람들의 마음과 합쳐, 한데 마음을 모으는 일 그 이상이 아닙니다. 리더가 문제해결자로 행동하는 것보다 구성원모두가 문제해결자가 되도록 하는 일이 리더십입니다. 어리석은 하수는 문제 상황을 돌파하느라 여념이 없지만, 현명한 리더는 마음을 합쳐 하나의 문화를 만드는데 더 많은 노력을 기울입니다. 더 크고 위대한 목적과 가치가 사람들의 마음속에 뿌리내려야 강력한 맥락이 만들어지고, 놀라운 자율성과 실행력이 확보됩니다. 그런 구성원들은 자신의 열정과 잠재성을 일깨우고 혼돈 속에서도 주체적으로 행동합니다. 이 일을 제쳐두고 다른 일에 시간을 뺏기고 있다면 본업은 제쳐둔 채 엉뚱한 부업에 매달려 낭패를 자초합니다.

## 덧글

리더십이라는 현상을 들여다보는 네 가지 요소가 있다면 1)리더, 2)팔로워, 3) 이 둘의 관계(relationship), 그리고 4)맥락(context)이라고 할 수 있습니다. 여기에서 리더와 구성원이라는 두 개의 요소를 잇는 것은 관계이며, 그 관계의 요체는 '신뢰(trust)입니다. 신뢰는 리더가 구성원들에 대해 좋은 의도를 가지고 있고, 그 의도가 말과 행동으로 드러나면서 믿음을 주기 때문에 나타나는 현상입니다. 이 믿음이 누적되면 리더와 팔로워가 일을 하는 이유와 목적, 대상, 원칙 등에 대해 공통의 믿음, 공통의 멘탈모델을 갖게 됩니다. 리더와 구성원은 한 방향을 향해 서고, 같은 원칙에 따라 의사결정을 내릴 뿐 아니라 그 때문에 높은 자율성을 발휘합니다. 바로 맥락이 만들어졌기 때문입니다. '척하면 착이지'라는 말은 공유된 맥락이 있음을 의미합니다. 이화여대의 윤 정구 교수는 상황(situation)과 맥락 (context)의 차이를 지적합니다.[33] '상황'은 누가보아도 다 똑같이 보이는 상태지만, '맥락'은 이 상황에 리더의 의도가 투영되어 구성원들과 함께 공통이해가 생긴 상태라는 것입니다.

이렇게 보면 리더십이란 복잡다단한 상황적 변수들 속에서 리더의 목적(leader's text)이 구성원의 마음(follower's text)속에 공명되어 하나의 질서, 그러니까 한마음의 상태(context)를 만드는 일임을 알 수 있습니다. 맥락을 만들지 못하면 리더는 소통이 어렵고, 협업과 신뢰를 구축하는 일에 허덕이며, '상황'의 함정에 빠져 변통을 찾느라 에너지를 소모하게 됩니다. 결국 구성원들도 혼란을 느낄 것입니다. 그것은 마치 서로 다른 외국어로, 서로 다른 대본을 가지고 일하는 것과 같습니다. 어리석은 리더는 구성원들에게 시간을 알려주지만(time teller), 유능한 리더는 시계탑을 세워(clock builder) 모두가 같은 시간을 바라보며 스스로 결정하게 합니다. 시계탑이란 함께 일하는 목적, 비전, 가치, 규범, 그리고 이를 뒷받침하는 룰(rule)과 리추얼(ritual)로 만들어진 맥락을 뜻합니다.

# 03

# 리더의 희생이 꼭 필요한가?
## 이타성과 리더십

교육 중에 중간관리자 대상으로 무기명 투표를 한 적이 있습니다. 설문에 응한 사람들을 모두 합치면 대략 500여명이 됩니다. 설문은 아담 그랜트(Adam Grant)의 연구에서 사용한 세 종류의 사람, 기버(giver), 테이커(taker), 매쳐(macher)에 관한 것이었습니다.[34] 인간관계는 기브 앤 테이크(give and take)의 관계로 단순화할 수 있습니다. 기버(giver)는 자신이 받는 것에 비해 다른 사람들에게 더 많은 것을 베푸는 사람(이타주의자)이고, 테이커(taker)는 반대로 자신이 주는 것보다 더 많은 것을 챙기는 사람(이기주의자)이며, 매쳐(macher)는 받는 만큼, 주는 만큼 동등하게 주고받는 신사적인 사람이라고 할 수 있습니다.

사람들에게 먼저 '당신은 기버, 테이커, 매쳐 중에 어떤 사람에 가깝습니까?'라고 물었더니 67%의 사람들이 자신을 '매쳐'라고 응답했습

니다. 또 '당신 주변에 함께 일하는 사람들은 어떤 유형에 가깝습니까?'
라는 물었더니 주변 사람들의 약 70%가 '테이커'라고 응답했습니다.
자기 주변은 테이커들에 의해 둘러싸여 있다고 인식하고 있었던 것이
지요. 그리고 '조직에서 성공하는 사람들은 대체로 어떤 유형의 사람
들이 많습니까?'라는 물었더니 이번에도 역시 약 70%의 사람들이 '테
이커'라고 응답했습니다. 조직에서 성공하려면 누군가와 경쟁이 불가
피하고, 자기 실적이나 성과를 챙기는 일을 포기할 수 없다는 인식이
깔린 셈이었습니다. 마지막으로 '어떤 유형의 사람들과 일하고 싶습니
까?'라고 물었더니 80% 이상의 사람들이 '기버'와 일하고 싶다고 응답
했습니다. 자신은 매처지만 기버들과 일하고 싶다는 대답도 생각해 보
면 자기중심적인 태도가 투사된 것이니 왠지 씁쓸하지 않을 수 없습
니다.

조금 과장하면 다음과 같이 추론해 볼 수 있습니다. 첫째, 우리 사회
직장인들은 조직을 매우 경쟁적인 곳으로, 그리고 테이커들에 의해 주
도되고 있는 것으로 인식하고 있습니다. 둘째, 직장 내 성공하는 사람
들(리더들)은 주변 사람을 이용하여 자신의 실리를 취하고 있다고 인식
하고 있습니다. 셋째, 사람들은 자신이 매처처럼 행동하고 있다고 생각
하지만, 경쟁적인 조직에서 일하고 있다면 각자의 행동은 다른 사람들
에게 테이커로 인식될 수 있습니다. 넷째, 기버들과 함께 일하고 싶지
만 테이커들에 의해 둘러싸인 조직에서 먼저 기버의 행동을 하기란 쉽
지 않습니다.

우리들의 직장이 실제 이렇다면, 사람들은 직장을 전쟁터라고 여기고 있는 것이 분명합니다. 정치적 생존경쟁이 난무하는 곳이며, 사람들은 고립무원의 상태에서 각자도생을 하고 있는 것입니다. 이런 곳에서 협력과 소통을 이야기하거나 리더십을 상상한다는 것은 어불성설입니다. 어떻게 이런 상황을 반전시킬 수 있을까요? 이런 상황에서 리더의 책무는 무엇일까요?

리더는 공공의 목적을 위해 생산적으로 일하는 문화를 만드는 사람입니다. 좋은 스포츠팀이 그렇듯, 여기에 참여한 사람은 개인이해보다 집단이해를 우선할 수 있는 기버들이 많아야 합니다. 이런 문화를 만드는데 있어 핵심은 리더의 행동입니다. 사람들은 언제나 리더를 주목하며 무엇이 더 중요하고 그렇지 않은지를 판단하기 때문입니다. 설령 테이커들로 둘러싸여 있다 할지라도 그 조직에서 중심적인 역할을 하는 사람이 기버라면 테이커들은 설 자리가 줄어듭니다. 세속적인 교환관계를 넘어 더 큰 목적과 이상에 기초한 가치의 거래가 있을 때, 조직에는 헌신, 희생, 봉사, 협력, 양보와 같은 미덕들이 보편화됩니다. 하지만 그 반대라면 조직은 생존을 위한 정글이 될 것입니다.

"요즘 젊은 친구들은 개인주의적이고 책임감도 없고 협력적이지도 않아요."

이렇게 하소연하는 리더들이 부쩍 늘었습니다. 이것은 구성원들의 책임이라기보다 이런 행동을 하는 것이 손해가 적다는 우리사회의 믿음이 반영된 것인지 모릅니다. 이러 상황에서 '리더는 협력적인 문화를 만들기 위해 자기 손실을 감수하며 기버가 되어야 하는가? 기꺼이 전체를 위해 희생해야하는가?' 라는 질문은 매우 도전적임에 틀림없습니다. 물음에 답하기 전에 먼저 협력의 문화에 관해 생각해 볼 필요가 있습니다. 협력은 집단의 구성원이 자기 집단을 공동체로 자각할 때 일어납니다. 공동체라고 인식하면 사람들은 자기 욕구를 억압하고 전체의 욕구를 실현하기 위해 기꺼이 이타적 행위를 할 수 있습니다. 공동체 안에서는 희생마저도 자신의 이득으로 돌아온다고 느끼기 때문입니다. 가족공동체를 생각해 보세요. 부모가 자녀에게 용돈을 주는 일을 손해라고 생각하는 사람은 없지 않습니까? 그것은 제로섬(zero-sum)이 아니라 플러스섬(plus-sum)이 되어 공동체 성원 전체의 파워(total power)를 키우는데 기여하기 때문입니다.

진화론자들은 이타주의자가 살아남을 수 있었던 이유에 대해 크게 다음 네 가지로 설명합니다.[35] 첫 번째는 혈연선택가설입니다. 친족은 자신의 유전자를 공유하고 있으므로 친족의 복지와 번영을 위해서라면 자신을 희생할 수 있다는 것입니다. 두 번째는 직접적 상호가설입니다. 특정인과 반복적 거래를 유지해야 한다면 지금 상대에게 도움을 주는 행위는 차후에 보상받을 가능성이 크기 때문입니다. 세 번째는 간접적 상호가설입니다. 특정인과 거래하지 않더라도 자신의 거래행위가 주변의 평판을 만든다면 도움을 주는 행위는 언젠가 이득이 되어 돌아올 가능성이 클 것입니다. 마지막으로 집단선택가설입니다. 집단의 생존이 위협받는 상황에서 그것이 개인의 생존에 막대한 영향을 미칠 때, 자신보다 집단을 우선할 수 있겠죠.

이타주의자에 대한 이런 진화적 설명에도 불구하고 이는 현실의 리더에게 '나는 이타적이어야 하는가?'라는 윤리적 문제에 대해 명백한 답을 주지 못합니다. 그러니까 리더의 행동과 관련한 실제적 질문은 오직 이것이라고 할 수 있습니다. "나는 이타적일 수 있는가?"

## 나는 이타적일 수 있는가?

내가 만난 다수의 리더는 이 질문에 그다지 확신하지 못했습니다. 도리어 이타적이어야 한다는 규범에 심한 저항을 보이기도 했습니다. 공동체의 한 구성원으로서 당연히 요구되는 이타성의 규범이 정작 리더들에게 회의의 대상이라는 사실은 무언가 이상하지 않나요? 거대한 협력과 공진화의 물결이 도래하는 세상에서 여전히 신자유주의적 가치에 매몰되어 이기심을 조장하고, 이기심이 마치 생존의 기술인 양 호도하는 세상이라면 당연한 인식인지도 모르겠습니다. 하지만 이런 생각은 완전한 시대착오입니다. 스스로 자멸을 기획하는 꼴입니다. 세상은 소유와 독점이라는 축적의 패러다임에서 공감과 나눔이라는 유동의 패러다임에 자리를 내어주고 있습니다. 인류의 거대한 역사는 공존과 공영의 열린 세계로 나아가고 있습니다. 그런데도 아무런 자각 없이 이기심을 정당화하는 뿌리 깊은 속내가 우리 마음속에 자리 잡고 있다면, 이타적이어야 한다는 말은 여전히 냉소를 피할 수 없습니다. 우리에게는 이기적인 본성이 있음을 부인할 수 없습니다. 그러나 동시에 우리 마음의 심연에는 이타적인 마음도 공존합니다. 우리가 어떤 삶을 살 것인가는 우리를 어떻게 훈련하느냐에 달려있습니다. 보다 품위 있고 자존감 높은 삶, 그런 사회와 직장을 만들고자 한다면 '어쩔 수 없다'고 말하기 전에 '우리는 이타적일 수 있는가'라는 질문에 도사린 내적 의심을 저지할 수 있어야 합니다. 이 질문은 다시 다음의 질문과 밀접히 관련되어 있습니다.

'나는 진정 나를 사랑하는가?'

## 나는 나를 사랑하는가?

'나는 이타적일 수 있는가?'라는 질문이 왜 '나는 나를 사랑하는가?'라는 질문과 관련될까요? 우리는 자기를 사랑하지 않고 타인을 사랑할 수는 없기 때문입니다. 자기혐오가 이기심의 진짜 원인이기 때문입니다. 자기를 혐오하는 사람들은 타인을 무시하고 배척합니다. 배신의 상처가 있다면 다른 사람들을 의심하고, 열등감에 빠졌다면 다른 사람을 선망하거나 비난합니다. 자기혐오는 자기소외로 나타난 심리적 장애입니다. 에리히 프롬(Erich Fromm)은 1)자신이 원하는 것, 사랑, 지식, 만족 등을 타인에게서 얻으려고 하거나, 2)힘 혹은 책략으로 타인에게서 이를 탈취하려고 하거나, 3)물질, 돈, 소유물을 수중에 둠으로써 자신을 지키려 하거나, 4)자신을 잘 팔리는 상품쯤으로 포장하려는 행위를 일컬어 모두 '비생산적인 성격장애'라고 진단한 바 있습니다.[36] 자신의 주체성, 독립성에 투자하지 않고, 다른 사람에 관한 관심과 사랑에는 아예 관심 없는 상태, 그것이 자기소외의 증거입니다. 이런 소외는 결핍을, 결핍은 혐오를, 그 혐오는 지독한 이기심을 낳습니다. 그것이 이타성을 가로막고 있는 적입니다.

이 소외를 극복하려면 자기존재에 대한 사랑을 복원해야 합니다. 이타심은 윤리적인 규범이어서가 아니라 자신을 사랑하기 위해서, 스스로 존엄한 인간임을 확인하기 위해서 필요한 삶의 태도입니다. 그런 삶은 필연적으로 자기존재에 관한 수용, 나아가 자신을 자신으로 있게 한 모든 것들에 대한 사랑과 공감으로 발현됩니다. 스스로를 사랑하지 않고 어떻게 자신을 구원할 수 있겠습니까? 타인에 대한 인정을 쫓고, 손실을 회피하기 위해 발버둥 치면서 어떻게 삶이 자유로워지고 행복해지길 기대하겠습니까?

에리히 프롬은 말합니다. '진정한 사랑은 자기가 사랑하는 사람의 성장과 행복을 바라는 적극적인 욕구로서 자기 자신을 사랑할 수 있는 능력에 뿌리박고 있다'고.[37] 그런 점에서 '자신을 희생하고 타인을 사랑한다'는 말은 거짓말인지도 모릅니다. 우리는 자신을 깊이 존중하고 사

랑함으로써 비로소 타인을 사랑하는 능력을 얻습니다. 그렇지 않는데
도 사랑하고 있다고 느낀다면 그것은 아마도 사랑을 빙자한 의탁, 의
존, 지배, 착취, 지배, 폭력일 것입니다. 생각해 보면,오늘날 '나'에 대한
집착과 사랑은 '나의 재능, 생각, 가치가 아니라, 내가 소유하고 있는 것
들에 대한 애정에 불과합니다. 그리고 소유하고 있는 것들이란 타인들
이 바라는 것들일 뿐, 진정한 자기 것이 아닙니다. 거기에 지독한 자기
소외가 있습니다.

"몇 번을 이야기해도 변화가 없는 직원이 있어요. 대체 왜 그러는지
모르겠어요."

한 분이 제게 물었습니다. 그래서 제가 말해주었습니다.

"외로워서 그래요."
"에?"
"사랑해주세요"
"에??"

놀라는 듯하더니 그 분은 이내 '썩소'를 지어 보였습니다. 덩달아 주
변 사람들도 같이 웃기 시작했습니다. 가당치도 않은 답이라고 생각
된 모양입니다. 생각해 보면 우리 시대의 사랑이란 연인과 가족의 세
계 안으로 쪼그라들었습니다. 그것은 보편적인 삶의 양식이 아닌 것처

럼 보입니다. 타인을 향한 존중, 배려, 관심, 애정, 자비는 왜 그리도 거북하고 힘든 노동의 일부가 되었을까요? 왜 우리는 이해관계가 없는 사람들에 대해 '왜 내가 그들을 사랑해야 한단 말인가?'라는 의문을 품고 있는 것일까요? 사랑이 죽었기 때문입니다. 자기 안으로 응축된 나르시시즘만이 남아 타인을 욕망 충족의 대상으로만 간주하기 때문입니다. 타인은 내 목표를 달성하는 수단이고 도구이지, 정작 사랑해야할 대상이 아닌 게 되었습니다. 그런 사랑에는 일방적인 구애와 구애의 실패로 인한 배신만이 있습니다. '그런 친구는 버려야 되는 거 아닌가요?' 이런 말도 서슴지 않는 리더가 있었습니다. 충족될 수 없는 욕망에는 그저 끔찍한 혐오가 동반될 뿐입니다.

이타성의 문제는 진정한 자아에 대한 사랑을 요구합니다. 자신의 재능과 가능성에 대한 발견과 수용의 과정이 전제되어야 합니다. 자기다웠던 삶을 산 적이 없다고 느낀다면, 우리는 이기심이라는 자기착취의 굴레에서 벗어나지 못한 것입니다. 그러니 문제를 일으키는 구성원을 탓하기 전에, 그런 탓을 하는 자신이 온전한 자기사랑을 하고 있는지 물어야 합니다. 자기소외, 자기 배반, 자기혐오로는 그의 문제를 내 것으로 가져와 해법을 찾을 수 없습니다.

리더십은 타인을 사랑하는 마음, 나아가 타인을 긍휼히 여기는 마음에서 시작됩니다. '긍휼히 여긴다(矜恤, compassion)'는 것은 타인의 고통(passion)을 자신의 고통으로 체감하여 (com) 이를 해결하려는 강렬한 충동을 느끼는 것입니다. Compassion이라는 말은 라틴어 Compati에서 왔으며 이는 '함께 아파하다'라는 뜻을 가지고 있습니다. 달라이 라마는 긍휼을 '자신과 타인의 고통에 대한 민감성으로 고통을 해결하려는 깊은 몰입을 동반한다.'라고 말했습니다. 그러니까 이 말은 고통에 대한 인식, 감수성, 이를 해결하려는 의지, 그리고 돌봄(caring)과 행동(doing)등이 모두 포함되어 있습니다.[38] 긍휼감은 단순히 이해하고 공감하는 수준을 넘어섭니다. 동정하고 연민하는 것에만 머물러 있지 않습니다. 타인의 상처와 고통을 제 아픔처럼 느끼기 때문에 당장 무엇인가를 하려는 행동으로까지 나아갑니다. 긍휼은 죽은 명사가 아니라 살아 움직이는 동사입니다. 아이가 아파서 데굴데굴 구르고 있는데 곁에서 함께 울고만 있는 부모는 없습니다. 아이를 안고 병원으로 뛰어가던지, 아이의 고통을 해결하기 위한 적극적인 조처를 취할 것입니다.

문제는 이런 긍휼감을 가족과 친족의 범위를 넘어 발현할 수 있는가?가 관건입니다. 어떻게 편협한 나르시시즘에서 걸어 나와 보편적 인간애를 발휘할 수 있는가? 이것이 리더가 되는 최고의 관문입니다. 나는 많은 리더들을 만나면서 생각보다 이런 문제에 대해 리더들의 고민이 있다는 것을 발견했습니다. 그런 문제를 진지하게 성찰할 시간이 주어지지 않았기 때문입니다. 슈바이처는 자기와 아무런 연관도 없는 적도 아프리카의 원주민을 긍휼히 여겼습니다. 마더 테레사는 길거리에 죽어가는 사람들의 고통과 아픔을 긍휼히 여겼습니다. 세종대왕은 제 백성이 글을 읽지 못한다는 사실을 긍휼히 여겼습니다. 그들은 그 마음을 바탕으로 행동에 나서 세상을 변화시켰습니다.

‘이타적일 수 있는가?'라는 물음은 긍휼감과 밀접히 관련되어 있습니다. 리더라면, 공동의 목적을 실현하고자 하는 신념의 전사라면, 함께 하는 구성원을 긍휼히 여길 수 있어야 하고, 이를 치유하기 위한 대안을 가져야 합니다. 그래서 스스로 높은 자존감을 가진 사람임을, 더 큰 이상과 꿈을 실현하고자 하는 사람임을 보여주어야 합니다. 희생과 봉사, 헌신 같은 열정은 긍휼감의 결과입니다. 결코 공허하거나 무력한 이야기가 아닙니다. 많은 연구는 인간의 긍정적 마음이 위선적이거나 규범적인 것만은 아니라고 말합니다. 인간은 곤경과 난관에 빠져 비극적 삶을 살 수밖에 없지만, 이를 절실하게 인식하는 감정체계들로 인해 보다 지적이고 창의적으로 진화해왔습니다.[39]

성과추구에 경도된 리더들은 강제적으로 주변에 영향을 미치려하기 때문에 권력 스트레스(power stress)를 경험합니다. 이런 리더들은 신뢰를 잃고 혁신의 가능성을 파괴합니다. 반면에 긍휼감을 가진 리더들은 권력 스트레스로부터 벗어나 스스로 평화롭고 희망적이며 낙관적인 감정을 경험합니다.[40] 이런 리더들은 구성원들에게 높은 심리적 안전감을 제공하고, 모험적이며 위험을 감수하도록 촉구하고 학습과 혁신을 추동합니다.[41] 누군가의 고통을 자기 것처럼 느끼는 것, 그래서 그 문제의 한복판으로 뛰어들지 않으면 안 되는 이 충동이야말로 오늘날 리더들이 되찾아야할 최고의 미덕일 것입니다.

## 긍휼감, 어떻게 발현하나?

긍휼감은 지식도 기술도 아닙니다. 그것은 자기 존재, 자신의 삶의 근원적 성격이 무엇인가를 제대로 깨닫는 데서 시작합니다. 삶의 근원적 성격은 무엇일까요? 그것은 '나의 삶은 타자의 효과'라는 사실입니다. 그 이유는 이렇습니다.

» 나는 최초의 생명체였던 세포가 진화하는 거대한 드라마 속에서, 타인의 몸을 빌어 탄생했습니다.

» 인간의 뇌는 공동생활을 하는 가운데 폭발적으로 커졌으며, 타인과 더불어 사는 사회적 뇌(social brain)로 진화했습니다.[42]

» 나의 언어는 타인들과 공유하는 상징체계를 수용한 것입니다.

» 나의 생각은 타인들의 생각을 배우고 익히는 동안, 타인들이 가진 생각이 조합된 것입니다.

» 내 삶의 방식이 설령 독창적인 것이라고 해도, 알고 보면 타인의 기대를 수용하고 조절하는 가운데 만들어진 것입니다.

» 나의 감정은 타인의 감정에 영향을 받았으며, 타인과의 교류과정에서 개발된 것입니다.

» 나의 자아감각은 타인들의 피드백, 나아가 사회적, 정치적, 경제적 영향력에 의해 구축된 것입니다.

» 나의 역량, 지위, 성취는 타인들의 친절, 수고, 희생, 더 나아가 이 공동체에 빚진 것입니다.

실제 내가 가진 어떤 것도 나의 것이라고 말할 수 있는 것들은 없습니다. 내가 이룬 모든 성취는 알고 보면 누군가의 관여, 배려, 친절, 수고, 희생의 결과입니다. 그들 없이 나는 애초에 이 세상에 존재하지도 않았습니다.

혹 삶이 고독하고 슬프다고 느끼십니까? 내가 이토록 고독하고 슬프기 그지없는데 어찌 내 주변의 사람들이 나만큼이나 고독하고 슬프지 않다고 할 수 있겠습니까? 어찌 그들을 긍휼히 여기지 않을 수 있겠습니까? 또 삶에 이별과 죽음만큼 확실한 사건이 어디 있을까요? 모든 만남은 언젠가 상실의 공포를 동반합니다. 내가 지금 마주하고 있는 모든 사람들은 언젠가 아니, 갑자기 먼지처럼 사라지고 말 유한한 존재입니다. 모든 만남은 단 한번뿐인 유일한 순간들로 채워져 있습니다. 어찌 그를 긍휼히 여기지 않을 수 있겠습니까? 긍휼감은 우리의 안에 내재된 유전자의 일부이므로 얼마든지 다시 개발할 수 있습니다. 다음과 같은 방법을 연습해 보십시오.

» **자신의 상처, 고통을 효과적으로 다루십시오.** 힘들고 어려운 일이 닥쳤다면 자신의 감정, 상태를 먼저 공감하십시오. 내면에서 들려오는 소리를 막지 말고 있는 그대로 들으십시오. 다른 행동을 하려고 하지 말고 가만히 자신에게 시간을 주고, 이를 받아들이고 인정하는 것입니다. 어떤 것은 용서해야 하고, 어떤 것은 놓아주어야 하며, 어떤 것은 그대로 사랑해야 합니다. 자신의 상처, 아픔을 측은하게 여길수록 타인을 그런 눈으로 볼 가능성이 커집니다.

» **다른 사람의 고통에 보다 민감하십시오.** 긍휼감이 높은 사람들은 타인들의 고통에 민감합니다. 사람들은 늘 리더인 당신에게 무언가를 호소하고 있습니다. 당장 해야 할 일을 핑계로 이를 외면하면 더욱 문제가 악화됩니다. 하지만 그때 멈

쳐 당신보다 먼저 구성원의 고통에 반응해 보십시오. 경청하고 공감하고 함께 대안을 찾는다면, 사람들은 당신을 특별한 리더로 받아들일 것입니다. 상대가 곧 사라질지 모르는 유한한 존재임을, 나만큼이나 치열하게 살아가는 측은한 존재임을 생각하십시오.

» **타인을 판단하는 바보 같은 짓을 멈추십시오.** 세상에서 가장 어리석은 일 중의 하나는 사람을 판단하는 일입니다. 판단하면 그 순간 우리의 뇌는 상대와 나를 분리하고, 상대를 조작 가능한 대상으로 간주하게 합니다. 문제를 객관적으로 바라볼 수 없게 하고, 편협한 대안에 매달리게 됩니다. 타인은 우리들의 인식적 판단 안에 존재하는 것이 아니라 미지의 세계에 존재합니다. 그래서 배우고 인정하고 수용하지 않으면 안 되는 존재입니다. 장자(莊子)는 마음을 비우고 분별하지 않으면 자유롭다고 말했습니다. 상대는 나와 대립하는 별개의 존재가 아니라 나의 일부이며, 동시에 전체입니다.

» **긍휼을 실천할 작은 행동을 시작하십시오.** 중요한 것은 말이 아니라 행동입니다. 필요하면 상대에게 묻고 무엇을 해야 하는지 확인하십시오. 상대의 상처와 고통을 깊이 공감하고 연민할수록 우리는 상대를 위해 무엇을 해야 하는지 알 수 있고, 그가 가진 숨겨진 욕구를 읽을 수 있습니다.

» **사람들의 말, 행동, 표정에 집중하십시오.** 그는 자신의 삶으로, 온 정신으로 우리에게 메시지를 전달합니다. 철학자 레비나스는 '타인의 얼굴은 일종의 윤리적 호소다. 그 얼굴은 우리에게 명령하는 힘으로 다가온다. 이 힘은 강자의 힘이 아니라 상처받을 가능성, 무저항에서 오는 힘이다.'라고 말합니다.[43] 긍휼감은 상대의 상황, 배경, 역량에 관계없이 인격적 존재로서 우리가 우리 자신에게 그러하듯 상대에게 윤리적 책임이 있음을 느끼는데서 개발됩니다.

## 관대하게 대해도 되나?

누군가는 또 이렇게 물을 수 있습니다. 긍휼감을 베푼다면 상대를 더 취약한 사람으로 만들 것이라는 염려이지요. 또 사람들을 태만하게 만들 수 있고, 잘못에 대해서도 면죄부를 주는 것이 아닐까 하는 염려일 것입니다. 하지만 이런 염려는 자기긍휼(self-compassion)의 부재에서 비롯된 것입니다. 긍휼감은 어려움에 직면했을 때 용기를 주고, 어려움 속에서 일어설 수 있게 해주는 탄력성(resilience)의 원천입니다. 사랑을 많이 받은 사람들을 생각해 보세요. 그런 사람들은 어렵고 힘든 상황에서 더 용기 있고 자신감 있게 행동합니다. 사랑받고 있다는 느낌은 심리적 안전감과 함께 존재자체의 용기를 부여합니다. 그런 사람들은 개방적으로 자신의 과오와 결함을 투명하게 드러내고 사람들과 소통하길 두려워하지 않기 때문입니다. 문제를 정직하게 바라보고 변화의 모멘텀을 찾아내지요.

종종 긍휼감보다 처벌이나 피드백이 더욱 더 큰 동기부여 수단이라고 생각하는 리더들도 있습니다. 하지만 그렇지 않습니다. 비판과 피드백은 사람들의 자신감을 약화하고, 실패에 대한 두려움을 키웁니다. 솔직한 피드백 운운하며 피드백의 정당성을 주장하는 사람들이 있습니다. 물론 피드백 자체가 문제는 아닙니다. 하지만 엄밀하게 말해 우리 중 그 누구도 다른 누군가에게 피드백을 줄 권리가 없습니다. 피드백은 사람들을 자기 뜻대로 조작하려는 음모가 담겨있습니다. 설령 선한 의도를 가졌다 해도 그 의도와 관계없이 구성원은 자기행동을 수정하기보다 방어할 가능성을 더 키웁니다. 그것은 나나 당신, 그 누구도 다 알고 있는 사실입니다. 반면 긍휼은 누군가를 교정하려는 의도가 없습니다. 함께 문제를 공감하면서 구성원 스스로 새로운 행동을 모색하도록 용기를 부여합니다. 누군가가 우리를 끔찍이 사랑하고 있음을 알게 되었다면, 우리는 결코 그의 기대를 벗어난 행동을 할 수 없습니다. 미시간 대학의 킴 캐머런(Kim Cameron)과 그의 동료들은 긍휼감이 발현될 때 재무성과, 생산성, 고객만족도 등이 보다 현저히 높아진다는 것을 증명한 바 있습니다.[44]

긍휼감은 무력한 개념이 아닙니다. 인간에게 내재된 근원적인 자발성을 불러일으킵니다. 우리는 긍휼감 때문에 사람들과 연대하고, 힘과 용기를 얻으며 세상을 변화시켜왔습니다. 인류의 최고 지성인 석가, 예수, 공자의 교리는 한마디로 이 긍휼감입니다. 사랑, 자비, 이타주의가 공감과 연대를 만들고, 불확실성을 맞서게 하는 용기를 주었습니다. 세계적인 종교학자인 카렌 암스트롱(Karen Armstrong)은 TED 강연에서 앞으로 인류의 미래가 이 긍휼감의 발현에 달려있다는 감동적인 연설을 하기도 했습니다.[45] 그녀는 지금 〈긍휼감 헌장, The Charter for Compassion〉을 만들어 공정한 경제와 평화로운 세계 공동체를 만들기 위한 캠페인을 벌이고 있습니다.[46] 긍휼감은 불화, 갈등, 전쟁을 퇴치하기 위한 인류미래의 신성한 선택입니다. 고독, 외로움, 상처, 소외, 우울, 불평등은 긍휼의 결핍이 초래한 우리시대 직장의 질병입니다. 우리사회의 리더가 오랫동안 방기한 것은 바로 이 긍휼감이었습니다.

삶의 변화, 지혜는 어디에서 올까요? 높은 자존과 마음의 평화는 어디에서 올까요? 그것은 긍휼감에서 옵니다. 타인의 고통과 아픔에 대한 공감이 문제의 핵심으로 들어가 그 본질을 바라보게 하기 때문입니다. 하여 긍휼히 여기는 사람들은 슬픔과 고통으로 인해 비탄에 빠져 있거나 절망하지 않습니다. 고통과 아픔의 연원으로부터 새롭게 시작해야 할 행동을 발견합니다. 그래서 혁신이 일어납니다. 좋은 부모는 아이에 대해 긍휼감을 발휘하기 때문에 좋은 부모가 됩니다. 좋은 리더는 구성원들에게 긍휼감을 발휘하기 때문에 좋은 리더가 되고, 좋은 기업은 고객들에게 긍휼감을 발휘하기 때문에 변화하고 혁신합니다. 리더가 구성원을 움직이는 힘이 무엇이냐고요? 진정성과 함께 긍휼감이야말로 리더가 가진 최고의 권력입니다.

# 덧글

긍휼감이 최근 리더십의 핵심적 기능이라는 증거들이 속속들이 드러나고 있습니다. 한 실험연구는 긍휼감을 보이는 리더들이 보다 지적으로 인식되고, 사람들은 이들을 보다 리더로 받아들이는 경향이 있음을 보여주었습니다.[47] 또 다른 연구는 긍휼감을 경험할 때 사람들은 동료들과 강력한 연대감을 형성했으며,[48] 높은 조직 몰입을 보였고,[49] 흥미롭게 긍휼감을 느낀 구성원들은 다시 이 긍휼감을 다른 사람들에게 베푸는 경향이 있었습니다.[50] 무엇보다 긍휼감은 학습과 혁신을 촉진합니다. 어떤 리더들은 새로운 제품, 서비스, 경험을 창출하는데 있어 이 긍휼감을 무시하고 있지만, 이미 디자인씽킹 분야에서는 모든 제품개발의 기초로 긍휼감을 강조하고 있습니다. 긍휼감은 실패로부터 배움을 가능하게 하는 '심리적 안전감'에 결정적 역할을 하기 때문입니다. 다음의 목록을 통해 우리의 긍휼감을 확인해 봅시다. 모두 '예'라고 답할 수 있겠습니까?

» 사람들이 행복하지 않을 때, 나도 그런 기분을 금방 느끼는가?

» 나는 사람들이 나를 필요로 할 때 바로 도움을 주는가?

» 힘들어 하는 사람들을 보고 내 일처럼 관심을 보이는가?

» 사람들과 속 깊은 이야기를 하는 것을 어려워하지 않는가?

» 직위, 배경에 관계없이 다양한 사람들을 포용하는가?

» 손해를 볼지라도 전체를 위해서라면 다른 사람을 위한 선택을 하는가?

» 잘못을 저지른 사람을 용서하는가?

» 사람들이 성과를 낳지 못할 때조차 이들의 편에 서서 지지하는가?

# 04

## 어떻게 힘을 길러야 하나?
### 자기사랑과 스토리

한 기업의 임원들과 세미나를 하는 중이었습니다. 제가 참가자들을 향해 계속 질문을 던졌더니 한 분이 견디기 힘들었는지 이렇게 말했습니다.

"질문은 그만하시고 그냥 답을 말해주시면 안 되겠습니까?"

빨리 실행방안을 알려주면 그대로 하겠다는 말이었습니다. 세미나 장에서 만난 사람들은 질문을 던지고 대답하는 일을 힘겨워합니다. 엄밀히 말하면 스스로 생각하는 일을 힘들어합니다. 왜 그럴까요? 제 진단에 의하면 스스로 답을 찾기보다는 누군가가 준 답을 그대로 수행하는 일을 반복해왔기 때문입니다. 자기 일이 아니라 누군가가 시킨 일을 해야만 했던 거죠. 현실 속의 많은 리더들은 리더로서 훈련받아 온 것이 아니라 충직한 매니저로서 훈련받아 왔습니다. 이런 태도가 옳은지 그른지를 말하기 전에, 먼저 이런 경험들이 우리에게 어떤 결과를 초래하고 있는지 생각해 봅시다.

가끔 제게 이렇게 반문하는 리더들이 있습니다.

"거기까지 제가 할 필요가 있나요?"
"좀 더 명확히 지시해 주시죠."
"제 삶을 희생시키고 싶지는 않아요."

주체적으로 살아갈 내적 힘이 사라지면 직장은 하나의 감옥이 됩니다. 일은 고역이 되고 주말, 휴가, 휴일만이 희망이 됩니다. 일과 삶에서 주체성이 사라집니다. 누군가는 자신이 주체적으로 행동하고 있다고 생각할지 모르지만, 우리들 대부분은 사회적으로 승인된 방식, 혹은 사회가 요구하는 방식대로 살아갑니다. 특별한 자각이 없다면 우리는 지배 권력에 훈육됩니다. 주체자는 내가 아니라 익명의 다른 사람이 됩니다. 그러면 상황의 피해자는 언제나 나일 수밖에 없습니다.

"그것은 제 탓이 아니에요."
"저 사람이 바뀌어야죠."

## 어떻게 주체적으로 행동할 수 있을까?

리더십을 효과적으로 발휘하려면 주체적으로 행동하는 훈련을 해야 합니다. 외부의 압력에 휘둘리거나 다른 것에 의존함 없이, 스스로 중요하다고 믿는 신념에 따라 자기 결정권을 행사하는 것입니다. 이 힘을 기르려면 두 가지가 필요합니다. 하나는 자기사랑(self-compassion)이고, 다른 하나는 자기 삶의 철학이 반영 된 스토리(self story)를 갖는 것입니다. 앞에서 언급한 것처럼 불행하게도 우리는 자기사랑이 아니라 자기혐오를, 자기 스토리가 아니라 남의 스토리를 차용해 왔습니다. 매 순간 지위, 신분, 부, 역량, 성과 등으로 평가받았습니다. 그러니 열등감과 무력감 또는 허술한 자만심과 우월감만을 키울 수밖에 없었습니다. 그러면 더 큰 권위에 의존하게 되고, 정치적인 패러다임을 장착하게 됩니다. 그게 아니면 우월감 속에서 타인을 지배하려고 합니다.

주체적으로 살아간다는 것은 자신을 삶의 주인(owner)으로 인정하는 것입니다. 주인으로 인정하려면 자기를 사랑하는 일이 전제되어야 합니다. '누군가가 나를 주인으로 대우하지 않는데, 내가 어떻게 주인의식을 갖지?'라고 생각하는 사람들이 있는데, 이는 타인의 사랑을 받아야만 주인이 될 수 있다고 생각하는 어린아이와 같습니다. 니체(Nietzsche)는 이렇게 외부의 심판에 따라 살아가는 것을 노예의식이라고 비판했습니다.

리더십의 문제는 복잡하지만, 대부분의 문제는 자기사랑의 부재와 관련되어 있습니다. 자기모순과 취약성을 돌보지 않을 때, 우리는 알량한 지식과 도구로 타인을 조작하려고 합니다. 왜 우리사회는 좀처럼 갑질이 사라지지 않을까요? 틈만 나면 어처구니없는 행동이 반복되는 이유는 무엇일까요? 통제력의 상실, 권위의 실종이 두려워서 그러는 게 아니라, 정직하게 자신을 사랑하는 법을 모르기 때문입니다. 이것은 타인은 말할 것도 없고 자신을 자해하는 행위입니다. 마찬가지로 오늘날 직장과 사회 곳곳에서 노출되는 혼돈과 불안은 스스로를 돌아보지 못하는 리더십, 스스로를 사랑할 줄 모르는 리더십의 결과입니다.

자기사랑은 사회적 비교를 통한 자기평가로 얻을 수 없습니다. 그래서 자존감이나 나르시시즘과는 다릅니다. 자기존재에 대한 존중이고 수용입니다. 자신의 약점과 한계까지도 사랑하고 포용하는 일입니다. 또 부정적인 사건을 겪을 때조차도 자신을 친절과 애정으로 대하는 것입니다.[51] 우리는 부정적인 사건이 벌어졌을 때 본능적으로 자신을 비하하고 비난하고 질책하려 합니다. 우리는 누구나 실수하고 실패합니다. 완벽한 사람은 없습니다. 실패나 실수는 인간이 가진 근본적 한계이므로 이 때문에 자신을 비난하는 것은 객관적이지도 공정하지도 않습니다. 과거의 실수 때문에 미래의 자신을 처벌할 이유는 없습니다. 그러므로 자기를 사랑한다는 것은 1)약점과 한계에도 불구하고 자신이 고유한 존재임을, 2)가능성을 향해 열려있는 존재임을, 3)단 한번뿐인 삶을 살아가는 유한한 존재임을 인식하고 사랑하는 것입니다. 자신이 가능성을 가진 경이로운 존재임을 수용할 때, 우리는 비로소 타인의 고통을 바라보고 이를 해결하려는 충동을 갖습니다. 거기가 힘의 진원지입니다.

주체성을 키우는 두 번째는 자기스토리가 있는가에 달려있습니다. 혹시 사람들이 하는 이야기를 가만히 들어보십시오. 모든 이야기는 잡설을 빼고 나면 결국 두 개의 이야기만이 남습니다. 하나는 '뻔한 이야기'이고, 다른 하나는 '새로운 이야기'입니다. 뻔한 이야기는 통속적이고 고루해서 재미가 없고 특별한 감흥을 불러일으키지 않습니다. 과거에 매달려 같은 이야기를 재탕합니다. 새로움이 없고 열정이 없습니다. 타인과 상황을 탓하고 자신을 방어합니다. 심지어 다른 사람들의 에너지를 빼앗습니다.

하지만 새로운 이야기가 있습니다. 성장과 변화, 갱신을 촉구하는 이야기입니다. 문제를 피하지 않고 대담한 미래를 상상하며 도전과 학습을 자극합니다. 진실하고 담백하며 지지와 공감을 얻습니다. 새로운 관점을 제공하고 상상력과 영감을 불어넣습니다. 그런 이야기는 통념을 깨고 우리의 뇌를 뒤흔듭니다. 뻔한 이야기가 자기방어의 욕구에서, 혹은 남의 논리를 베낀 데서 온 것이라면, 새로운 이야기는 삶의 목적으로부터 담대한 이상과 상상력을 품었기 때문에 생겨난 이야기입니다.

이 두 이야기의 차이는 어디에서 비롯된 것일까요? 랠프 월도 에머

슨(Ralph Waldo Emerson)은 '우리가 말하는 모든 것이 우리가 누구인지를 드러낸다'고 했고, 하이데거(Martin Heidegger)도 '사람이 말을 하면 그의 말이 그 사람 자체가 된다'고 말했습니다. 우리가 하는 말은 '나'라는 존재를 대변합니다. 말은 정체성이자 한 개인의 권력입니다. 그러므로 자신만의 고유한 내러티브가 있느냐가 리더의 힘과 관련되어 있습니다. 자기 내러티브란 삶의 경험들 속에 찾아낸 질문들이 생각을 거듭해 마침내 육화되어 만들어진 자신만의 이야기입니다. 남의 생각을 차용하는데 머물지 않고, 이를 자신의 구체적인 경험으로 가져와 거기서 길어 올린 믿음의 세계입니다. 이런 세계는 생각에 생각이 보태지면서 더 깊어지고 다듬어지기를 반복합니다. 그리고 어느 날, 다시 새로운 생각으로 도약하며 새로운 길을 보여줍니다. 삶의 목적, 의미, 가치, 신념으로 진화합니다. 그런 이야기가 사람들의 심금을 울리고 충격을 주는 것은 당연하지 않겠습니까?

리더의 고유한 이야기는 처음 어디서 왔을까요? 그것은 질문에서 왔습니다. 질문을 시작하면 생각이 시작됩니다. 생각이 모여 생각이 연결되면 내러티브가 탄생합니다. 하지만 질문이 없어지면 생각은 멈추고 대신, 그 자리에 남의 생각이 쳐들어옵니다. 그러면 뻔한 이야기를 재탕 삼탕 반복하게 됩니다. 가만 생각해 보면 우리들의 직장은 언제부턴가 질문이 사라졌습니다. 그러니 생각하지 않게 되었습니다. 생각을 소거하고 빠르게 행동하는 것을 찬양해왔습니다.

"깊이 생각 하지 마! 빨리 행동해"

그러다 보니 영혼이 빠져나가 버렸습니다. 혼돈을 돌파할 단단한 믿음이 없어진 거지요. 정리해 볼까요? 리더의 힘은 주체성에 있습니다. 주체성은 자기존재에 대한 깊은 사랑, 그리고 자기 생각이 만들어낸 스토리에서 나옵니다. 그러니 연습을 시작해야 합니다. 자기사랑과 자기 스토리를 만들고 이를 검증해 가야 합니다. 말로, 글로, 작품으로, 활동으로, 프로젝트로, 삶 그 자체로 이를 드러내고 세상과 소통해야 합니다. 그래야 자기사랑은 다시 타인을 향한 긍휼로, 자기내러티브는 신념으로 나타나 사람들에게 희망과 용기를 제공합니다.

## 덧글

당신의 자녀가 대학생인데 수강신청과 관련하여 다음과 같이 조언을 구한다고 생각해 봅시다. 부모로서 어떤 조언을 해주고 싶나요?

"아빠(엄마), 똑 같은 과목 두 개가 있는데요. 이중 A과목 교수님은 널널해요. 과제도 별로 없고 강의식으로 강의를 하는데 학점을 쉽게 딸 수 있어요. 근데 B과목 교수님은 너무 깐깐해요. 과제도 엄청 많고... 이 수업을 들은 친구들은 많은 것을 배웠다고는 하지만 좋은 학점을 받는 것은 거의 불가능해요. A를 신청하는 게 좋을까요? 아니면 B를 신청하는 게 좋을까요?"

당신은 둘 중 무엇을 수강하라고 조언하실 건가요? 그 이유는 무엇인가요?

캐롤 드웩(Carol Dweck) 교수는 자신의 연구를 통해 사람들이 서로 다른 마인드 셋으로 자신과 세상을 바라보고 있음을 규명했습니다.[52] 하나는 성장마인드(growth mind) 셋이고, 다른 하나는 '고정 마인드(fixed mind)' 셋입니다. 드웩은 자신의 반복적인 실험연구를 통해 우리가 어떤 마인드 셋에 경도되어 있느냐에 따라 삶에 지대한 영향이 있음을 증명했습니다. 위의 예에서 A를 추천한다면 고정된 마인드 셋과 관련되어 있습니다. 고정 마인드 셋을 가진 사람들은 타고난 역량, 재능, 가능성은 불변하는 것이라 생각하는 경향이 있습니다. 이들은 구태여 어려움을 감수하면서까지 힘들게 결과를 얻기보다 자기 존재감을 증명하는데 보다 초점을 두고 있습니다. 어려움에 봉착하면, 이를 장애로 인식하고 그 이상의 노력을 하지 않습니다. 이들은 타인들이 자신을 어떻게 평가하는지가 중요하기 때문에 실패란 무능의 증거라고 간주합니다. 종종 리더들 중에 이런 마인드 셋을 가지고 있는 사람들은 마음 깊은 곳에 실패불안, 인정욕망이 자리하고 있을 가능성이 있습니다.

하지만 위 예에서 B를 추천했다면 성장 마인드 셋과 관련되어 있습니다. 이런 마인드 셋을 가지고 있는 사람들은 자신의 역량, 재능, 가능성은 얼마든지 노력여하에 따라 변화할 수 있다고 믿습니다. 이들은 어려움에 봉착하면 이를 성장과 변화의 계기로 인식합니다. 그들은 도전에 맞서 상황을 개선하고, 자신의 능력을 시험합니다. 실패는 분명 고통스러운 사건이지만, 거기에 오래 머물러 있지 않고 새롭게 배울 것을 찾습니다. 성장마인드를 가진 사람들은 사회적 통념과 잣대로 자신을 평가하는 일에서 벗어나 자기 내면과 경쟁합니다. 그래서 변화에 맞서 배우기를 멈추지 않습니다. 리더십 개발이 요원한 것이라고 지레 포기하기 전에 무엇을 선택해야하는지는 분명해 보이지 않나요?

- 전문성과 진정성 중에 하나를 택해야 한다면 무엇이라고 생각하는가? 왜 그렇게 생각하는가?

- 전문성을 개발하려면 그것이 자신의 목적(사명)을 실현하는 핵심역량이어야 한다. 당신에게 이 핵심역량은 무엇인가?

- 리더로서 당신의 목적과 의도는 무엇인가? 이것은 정당하고, 타당하며 보편적인가?

- 사람들에게 마음이 전달할 때, 이를 포기하지 않고 유지하려면 어떤 노력이 필요한가?

- 주변에 이기적인 사람들이 둘러싸여 있고, 그들과 함께 당신의 목적을 이루고자 할 때 어떤 전략이 가능한가?

- 이타적인 태도가 이기적인 태도를 가지는 것보다 확실히 유리하다는 것을 논리적으로 설명해 볼 수 있는가?

- 긍휼감을 체험한 경험을 이야기해보라. 거기서 배울 수 있는 것은 무엇인가?

- 긍휼감을 어디까지 확대해 볼 수 있는가? 가족, 친구, 이웃, 동료, 직장, 사회, 국가, 인류. 또는 그 이상?

- 자기사랑을 실천한다는 것은 구체적으로 무엇을 어떻게 하는 것인가?

- 자신만의 고유한 스토리가 있는가? 구성원들에게 당신이 들려주고자 하는 이야기의 핵심은 충분히 그들의 심금을 울리는가?

# 리더십,
# 문을 열다

대한민국 리더들이 묻다

# 03

긍지, 자부심, 의미감을 주는,
가슴을 데우는 신화를 품지 않고
사람의 마음을 움직일 수 있다고
생각하는 것은 망상이다.

# 동기에 관하여

목적과 몰입

# 01

# 어떻게 사람들을 움직일 수 있나?
## 도덕적 몰입

리더십의 최고 숙제는 무엇일까요? 그것은 한마디로 사람들의 자발성을 살리는 문제라고 할 수 있습니다. 스스로 생각하고 행동하는 높은 규율감이 있다면 리더십을 대체하는 효과가 생깁니다. 만쯔(Manz)와 같은 연구자는 스스로 행동하는 구성원을 셀프리더(self-leader)라고 명명하고 이런 사람을 키우는 리더를 일컬어 '슈퍼리더(superleader)'라고 불렀습니다.[53] 성숙한 구성원을 만드는 것이 리더의 중요한 사명이라는 것이지요. 구성원을 육성하는 리더들은 역설적으로 자신의 존재감을 없앱니다. 구성원이 리더의 역할을 대신하기 때문입니다. 노자(老子)나 한비자(韓非子)같은 철학자의 말을 빌리면 '무위(無爲)의 리더십'이라고 부를 만합니다. 서양에서도 커(Kerr)와 제미어(Jermier) 같은 학자들은 이를 '리더십의 대체(substitute of leadership)' 현상이라고 불렀습니다.[54] 사실 모든 리더의 궁극적 과제는 리더가 없이도 스스로 굴러가는 조직을 만드는 것이라고 할 수 있습니다.

스스로 행동한다는 것, 즉 자발적으로 행동한다는 것은 무엇을 의미할까요? 외부의 압력에 떠밀려서, 혹은 외부의 권위에 동조해서가 아니라, 온전히 자신의 의지로 자기를 표현하며 목적을 달성하는 것을 말합니다. 일체의 억압이 없고, 자기를 속이는 것과 같은 내적 갈등이나 분열도 없겠지요. 자신의 개성을 긍정하고, 스스로를 임파워시켜 생동감 넘치는 행동을 하는 상태입니다. 그런데 제가 만난 많은 리더들은 조직 안에는 자발적이고 능동적으로 행동하는 구성원이 많지 않다고 하소연합니다. 왜 그럴까요? 앞서 이야기한 것을 다시 언급하면, 자신의 본래 모습과는 다른 남의 일을 해야 하기 때문입니다. 그러면 타인의 기대에 부합하는 가짜행동을 하게 됩니다. 자기 본연의 행동 대신 외적 요구를 뿌리칠 수 없어 하게 되는 행동이라면, 그 일과 자기사이에는 심각한 분열이 일어납니다. 그러면 일은 그저 의무가 되고, 일을 하는 동안 스트레스, 불안, 강박, 우울 등과 같은 신경증을 피할 수 없습니다.

오늘날 직장의 위험은 여기에 있습니다. 누군가가 시킨, 별로 중요하지 않은 허드렛일을 해야 한다는 것입니다. 어떤 경우는 옳지 않은 일을 강요받기도 합니다. 그러면 사람들은 주체적인 생각을 할 필요가 없고 정해진 답을 그저 따라갈 뿐입니다. 눈앞에 닥친 일들, 마감일에 쫓긴 어떤 일들만이 있을 뿐, 그 일의 목적이나 이유 같은 것은 사라져 버립니다. 불행하게도 어떤 기업은 일을 하는 단 하나의 이유가 '이윤'이라고 서슴없이 말합니다. 그런 이유가 사람들의 가슴을 두드릴 가능성은 제로입니다.

그동안 조직이 사람들을 동기부여시키기 위해 사용한 도구는 두 가지였습니다.[55] 하나는 규칙(rule)이고, 다른 하나는 인센티브(incentive)였습니다. 규칙은 어떤 일을 강제하는 기능을, 인센티브는 어떤 일을 강화하는 기능을 수행합니다. 그러니까 규칙은 '채찍'을, 인센티브는 '당근'인 셈입니다. 당근과 채찍은 말을 다루는 도구입니다. 이런 도구가 횡행하는 것은 경영자들의 믿음 속에 여전히 사람은 소나 말 정도의 저급한 욕망을 가진 존재라는 믿음이 깔린 것입니다. 이런 패러다임은 거의 100년이나 지난 것임에도 불구하고 버젓이 오늘날의 경영에도 적용되고 있습니다.

## 당근과 채찍은 자발성을 살릴 수 없나?

참고로 채찍과 당근이라는 은유는 말을 다루는 기술, 즉 'manage'라는 말에서 유래했습니다. manage는 '말을 길들이다'라는 뜻의 이탈리아어 '마네기아레(maneggiare)'에서 온 것입니다. 그러니까 매니징한다는 것은 말(동물)을 다룬다는 의미가 있는 것이지요.

규칙과 인센티브를 통해 기업이 결국 원하는 것은 무엇일까요? 성과(performance)입니다. 특히 재무적 성과이지요. 기업경영에서 재무적 성과는 조직 내 모든 관행을 빨아들이는 블랙홀로 작동합니다. 성과를 낳을 수 있다면 모든 것은 정당화할 수도 있습니다. 반면 성과를 낳을 수 없다면 어떤 것도 정당화되기 어렵습니다. 성과가 최고의 목적이 되면 성과평가 시스템은 공정하고 합리적인 제도임을 강조해도, 사람을 성과를 낳는 도구로 간주하는 믿음이 자리잡게 됩니다. 이런 시스템들은 구성원의 즉각적이고 표준적인 행동을 이끄는 데 상당부분 성공해 왔습니다. 그래서 여전히 그 환상에서 벗어나지 못하는 사람들이 있습니다. 하지만 그런 태도는 다음과 같은 중대한 과오를 범하게 됩니다.

먼저, 일을 하는 의미, 일이 가진 목적을 깊이 생각할 수 없게 만듭니다. 돈을 벌고, 그래서 가족의 행복을 도모하는 것이 일의 목적이 되어버립니다. "다 먹고 살자고 하는 것 아닌가요?", "기업목적은 원래 이윤추구죠.", "가족들 생각하며 버텨야죠." 이런 생각들이 틀렸다는 것은 아니지만 어딘가 좀 후진적이지 않나요? 다음으로 이런 관행은 창의적이고 혁신적인 행동들을 고갈시킵니다. 성과에 연연하는 사람들은 창의와 혁신에 몰두할 수 없습니다. 창의와 혁신이란 흥미와 호기심, 사명에 대한 강력한 충동에서만 나옵니다. 또 감성, 공감, 연민, 유대 같은 정서적 영역이 무시됩니다. 행동이 감성의 지배를 받는다는 것을 간과합니다.[56] 마지막으로 도덕적 기준이 약화됩니다. 결과만 좋으면 높은 인센티브를 얻을 수 있다는 알고리즘이 '이 행동은 옳은 것인가?'라는 질문을 '이 행동은 이득인가?'라는 질문으로 바꾸어버립니다. 당연 고객들에 대한 공감과 연민의 감정이 후퇴하고, 편법과 변칙을 용인하게 됩니다. 규칙과 인센티브에 기반한 동기부여의 방식은 결과적으로 일터를 비인간화시킵니다. 의도가 없다 해도 결과지상주의와 함께 도덕적 해이를 불러옵니다. 맹자에는 이런 구절이 나옵니다.

> 양혜왕이 "장차 내 나라에 무슨 이로움(利)이 있겠나이까?"라고 묻자 맹자가 대답합니다. "왕께서는 하필이면 이(利)를 말씀하십니까? 단지 인의(仁義)가 있을 뿐이오니이다. 왕께서 '어떡하면'이라고만 하시면, 대부들은 당연히, '어떡하면 내 집을 이롭게 할꼬?'라 말할 것이요, 사(士)와 서인(庶人)들도 당연히, '어떡하면 내 몸 하나 이롭게 할꼬?' 라 말할 것이외다. 그리하면 윗사람이건 아랫사람이건 서로서로 이익만을 쟁탈하려 할 것이니 그렇게 되면 나라가 위기에 빠질 것은 뻔한 이치올시다."[57]

## 어떻게 해야 동기를 높일 수 있나?

그럼 사람들을 동기부여시키는 원천은 무엇일까요? 규칙과 인센티브가 사람들을 수단으로 이용한 것이라면, 진정한 내재적 동기(intrinsic motivation)는 사람을 목적으로 대우하는 일이라 할 수 있습니다. 철학자 칸트(Immanuel Kant)는 일찍이 사람을 수단이 아니라 목적으로 대하라고 갈파한 바가 있습니다. 사람을 목적으로 대우한다는 것은 누구나 존재 자체로서의 가치와 존엄이 있음을 인정하는 것입니다. 그러면 사람들은 자기 동기에 따라 주체적으로 일할 수 있고 그렇게 일을 할 때, 일에 대한 의미감을 경험할 수 있습니다. 일에 대한 의미감은 다시 더 높은 내재적 동기를 만들면서 내면에 열정의 발전소가 만들어집니다.

일에 대한 의미감이란 중요하고 가치 있다는 믿음이 마음속에서 하나의 신화로 만들어진 것이라 할 수 있습니다. 자신의 일이 1)중요한 것의 일부이고, 2)누군가의 행복에 기여하며, 3)더 새롭고 가치 있는 것을 창조하며, 4)더 탁월한 어떤 것에 이른다는 믿음을 갖는 것입니다. 우리 삶이 의미라고 하는 신화적 상상에 의해 조형되어간다는 것은 생각보다 진실입니다. 믿고 싶지 않을지 모르지만 우리는 이외에 달리 다른 삶을 살 수 없습니다. 철학자 캇시러(Ernst Cassirer)는 '인간은 물리적 우주에 살고 있지 않고, 상징적 우주에 살고 있다'고 설파한 적이 있습니다.[58] 그것이 우리가 사는 이유이며, 일하는 이유입니다. 오늘날, 한국의 많은 기업들이 빈약한 동기의 문제에 허덕이는 이유는, 바로 이 의미감을 주는 서사의 부재, 신화의 부재에 있습니다. 부도덕, 비리, 위선, 거짓으로 점철된 조직에 긍지와 자부심을 주는 서사와 신화가 있을 리 만무합니다. 그러니 높은 연봉과 복지조건을 자랑하지만, 정작 가슴을 데우는 뜨거운 이야기가 없다면 일에 대한 의미감을 전혀 느낄 수 없습니다.

그럼, 이런 의미감의 본질은 어디에서 유래할까요? 답이 예상되지 않나요? '돈 많이 벌어 부자가 되자'라는 거의 맹목에 가까운 성과주의 패러다임으로는 사람들을 감동시킬 수 없습니다. 몇몇의 인센티브로 사람들의 동기가 높아질 것이라고 기대하는 것은 조악합니다. 조직을 규칙과 인센티브로 거래되는 경제적 공동체가 아니라, 사명과 가치를 구현하는 도덕적 공동체로 바라보아야 합니다. 진실, 정의, 도덕, 성장, 배움, 행복과 같은 인간 본연의 미덕이 흐르게 해야 합니다. 그래야 '워라벨(일과 삶의 균형)'이라는 유치한 논란이 사라지고, 직장을 진실한 삶의 공간으로 변화시킬 수 있습니다.

왜 이것이 보다 근본적인 동기부여의 방안일까요? 조금 더 생각해 보겠습니다. 경영학자들은 사람들이 직장과 관계 맺는 방식과 관련하여 '조직몰입(organizational commitment)'이라는 용어를 사용합니다. 조직몰입은 '개인이 특정 조직을 동일시하고 거기에 소속감을 느끼는 상대적인 강도'를 말합니다.[59] 이 조직몰입은 세 수준으로 나누어 설명할 수 있는데, 조금 나이브하게 설명한다면 직장을 다니는 세 가지 이유라고 할 수 있습니다. 첫 번째, 사람들이 직장을 다니는 이유는 경제적 욕구를 충족시키기 위해서입니다. 이를 계산적 또는 도구적 몰입(instrumental commitment)이라고 합니다. 흔히 직장을 생계의 수단이라고 할 때 해당되는 몰입입니다. 이런 몰입을 하는 사람들은 직장을 단지 경제적 교환대상으로 생각합니다. 마치 시장에서 물건을 사고파는 것처럼, 자신의 인풋 대비 걸맞은 아웃풋을 기대합니다. 이런 사람들은 자신의 성과에 따라 그에 부합하는 보상이 있어야 동기부여됩니다. 보상이 클수록 직장의 매력도도 증가합니다. 마찬가지로 이런 인식을 가진 직장은 구성원이 제 역할을 하지 못한다면 낮은 대우를, 제 역할 이상을 한다면 높은 대우를 해야 한다고 생각합니다. 양자가 이런 관계로 유지되고 있을 때 구성원들은 직장을 어떻게 생각하게 될까요? 거래의 효율성에 따라 언제든지 떠날 수 있는 잠정적인 관계로 받아들일 것입니다. 야영지의 임시텐트와 같은 것이죠. 이런 사람들에게 높은 동기를 기대한다는 것은 넌센스일 것입니다.

두 번째 수준은, 심리적인 만족감 때문입니다. 이를 정서적 몰입(affective commitment)이라고 합니다. 직장을 다니다보면 조직 분위기가 좋아 심리적으로 애착을 느낄 수 있습니다. 이런 수준에서 몰입하는 사람들은 동료들이 보여주는 긍정적이고 협력적인 태도, 조직 안에서 느껴지는 심리적 안정감, 구성원에 대한 리더들의 사랑을 중시여깁니다. 마찬가지로 여기에 가치를 두고 있는 조직은 상호 이해와 공감, 배려와 존중, 소통과 협력의 분위기를 만들어 갑니다. 이 수준의 구성원들은 직장생활에서 높은 만족감과 높은 성과를 보일 가능성이 큽니다.[60] 조직은 상당한 결속력, 일체감, 팀워크를 발휘하며 안정성을 보이게 될 것입니다. 하지만 이것이 지속적인 동기의 원천이라고 단정짓기에는 한계가 있습니다. 이것은 일 자체라기보다 사람들과의 관계가 주는 만족감이기 더 크기 때문입니다.

세 번째, 사람들이 직장에 다니는 이유는 옳다는 신념 때문입니다. 이를 도덕적 몰입(moral commitment)라고 부릅니다. 도덕적 몰입을 보이는 사람들은 일에 대해 사명감, 의무감, 책임감을 느낍니다. 이들은 조직 가치와 이상을 자신의 것으로 내면화하고, 조직과 정신적 일체감을 경험합니다. 흔히 회사의 DNA를 공유하고 있는 사람들이라고 할 수 있습니다. 더군다나 그 가치와 이상이 자부심과 긍지를 주고 있다면, 깊은 헌신은 물론 희생적인 행동까지도 서슴지 않을 것입니다. 이들은 개인적 이해보다는 집단적 이해를 우선하며 전체를 위해 자기 것을 양보합니다. 혹시 당신이 리더인데 이런 구성원과 일하고 있다면 어떻겠습니까? 당신은 특별히 통제하고 감시할 이유가 없습니다. 사람들은 자발적으로 도전적인 과제를 설정하고 여기에 뛰어들 것입니다. 특히 위기가 닥친다면 설령 보상이 없을지라도 기꺼이 먼저 책임지고 위험을 감수하는 행동을 보일 것입니다.

결론적으로 말하면, 사람들이 높은 동기를 가지고 자발적으로 일하는 이유는 일과 조직에 대한 깊은 의미감 때문입니다. 이 의미감은 도덕적 몰입에서 나옵니다. 자신이 하고 있는 일과 조직의 사명, 가치, 이상이 긍지와 자부심을 유발하기 때문입니다. 리더십의 비밀은 바로 여기에 있습니다. 사람들을 어떻게 도구적으로 함몰시키지 않고, 정서적으로, 나아가 도덕적으로 몰입하도록 할 것인가가 관건입니다. 도구적 몰입을 이끄는 데는 적절한 보상과 인센티브가 필요하고, 정서적 몰입을 이끄는 데는 사랑과 관심이 필요하지만, 도덕적 몰입을 이끌려면 보다 가치 있고 의미 있는 목적과 철학이 있어야 합니다. 의미 있는 목적과 철학이 없이 사람들의 동기를 높이겠다는 것은 가당치 않은 촌극입니다.

저는 지금 도구적 몰입이나 정서적 몰입이 덜 중요하다거나 중요하지 않다고 말하는 것이 아닙니다. 그것들로는 근본적으로 동기의 문제를 해결할 수 없다는 것입니다. 이것들은 불만족을 줄일 수는 있어도 높은 동기를 만들어 낼 수는 없습니다. 사람들은 도구적 보상에 연연하는 저급한 욕구를 가진 존재가 아닙니다.[61] 일에 대한 깊은 의미감, 사명감 속에서 성장체험을 하고 있을 때, 비로소 꺼지지 않은 열정을 유지합니다. 가끔 어떤 리더는 이 말에 이의를 제기합니다. 사람들이 도구적 보상을 원한다는 것이지요. 하지만 그렇지 않습니다. 직장 안에 도덕적 몰입의 대상이 없을 때('의미 없어'), 사람들은 차선으로 정서적인 몰입의 대상을 찾습니다('재미라도 있으면 다행이야'). 그런데 만일 그마저도 불가능하다면 이제 고육지책으로 도구적 몰입에 매달립니다('돈이라도 많이 받으면 되지'). 도구적 몰입이 충족되어야만 정서적, 도덕적 몰입이 충족된다는 생각은 오해입니다. 정서적, 도덕적 몰입이 있고, 그 결과로 도구적 보상이 뒤따를 때 동기의 왜곡이 없습니다. 우리는 말이나 소가 아니라 상징의 세계 안에서 의미를 찾는 존재이기 때문입니다. 리더는 구성원이 하고 있는 일이 더 크고 위대한 목적을 향해가고 있고, 그 과정에서 의미 있는 성장체험을 하도록 하는데 그 본연의 역할이 있습니다.

오늘날과 같이 경쟁이 심화되고, 개인주의가 강화되는 세태에서 조직과 구성원의 관계는 점차 도구적 경향이 짙어지고 있습니다. 게다가 직장은 사람들을 홀대하면서 원심력을 작동시켜가고 있습니다. 소속감, 일체감, 사명감을 느낄 수 없는 사람들은 이미 직장 밖으로 심리적

탈주를 시작했습니다. 직장은 열정과 몰입의 고갈로 고통받고 있고, 사람들은 점차 직장 밖에서 자기만의 위안을 찾고 있습니다. 오늘날 리더들이 깊이 각성해야하는 지점은 바로 여기라고 생각합니다. 일의 이유와 목적을 복원하고 건강한 사회적 연대로 구축해야 합니다. 그래야 혁신과 탁월함을 성취하고, 그 결실로부터 경제적 욕구를 충족시켜가는 선순환의 구조를 만들 수 있습니다.

## 덧글

현실에서 보면 도덕적 몰입과 유사해보이지만, 조금은 다른 행동을 하는 구성원들이 있습니다. 자신에게 주어진 역할이기 때문에, 응당 의무감으로 책임을 지는 사람들입니다. 이들도 회사의 일에 앞장서서 자기책임을 다하는 행동을 하지만, 그들은 '회사가 요구하는 일이니까 당연히 해야 하는 거 아냐?', 또는 '회사가 어려운데 내가 도와야지'라는 정도의 믿음을 갖고 있습니다. 대체로 조직생활을 오래한 구성원들은 회사로부터 받은 여러 혜택을 고려할 때, 자신이 거기에 상응하는 책임과 의무가 있음을 느낍니다. 물론 요즘에는 이 마저도 기대하기 힘들긴 하지만 이들이 회사의 운명을 바꾸거나 혁신하는 것은 아닙니다. 이들은 단지 주어진 역할(given role)에 충실할 따름입니다.

하지만 도덕적 몰입을 보인 사람들은 궁극적으로 조직의 목적, 비전, 가치를 내재화하고 있습니다. 그들은 조직목적은 물론 자신이 하고 있는 일의 수혜를 받고 있는 최종유저에 대해 몰입(social commitment)합니다. 이런 사람들은 고식적 역할을 넘어 독창적인 자신만의 역할을 창안하고 이를 수행합니다(taken role). 회사와 맺은 문자적 협약을 뛰어넘어 궁극적인 목적과 최종 고객에게 천착합니다. 창안한 역할을 통해 조직의 미래와 운명을 만들어 가는 사람들이 많이 있을 때 그 조직이 번영하는 것은 너무나 당연한 일입니다.

# 02

## 어떻게 하면 자발적으로 행동하나?
### 의미 있는 목적

　도덕적 몰입을 보이는 구성원들이 자발적으로 행동한다면, 도덕적 몰입을 이끄는 요체에 대해 더 생각할 필요가 있습니다.

　"더 이상 비전을 줄 수 없어요. 또 그런 비전이 있어도 젊은 친구들에게 매력적이지도 않구요~"
　"비전? 리더인 저도 그게 뭔지 잘 모르겠습니다."

　가끔 이런 이야기를 하는 리더들을 만났습니다. 씁쓸하다 못해 때로 비통함마저 전해줍니다. 더 이상 꿈꿀 미래가 없다는 것은 다른 말로 절망이라는 것입니다. 저도 동의합니다. 지금 구성원들은 승진하고 부자가 되며 출세할 수 있다는 전통적인 비전에 감동하지 않습니다. 외재적 보상으로 가득 차 있던 고도성장기의 비전이 지금은 실현가능하지 않을 뿐 아니라, 그것이 개인의 삶을 희생하면서까지 얻어야 할 만큼 가치 있는 것도 아니기 때문입니다. 참고 견디어서 만나게 될 미래가 지금의 행복보다 더 크지 않다면, 구태여 현재를 희생할 이유는 없습니다. '3포, 5포 세대'라는 말이 의미하는 것도 더 이상 불가능한 꿈을 꾸지 않겠다는 현실인식이 반영된 것이니까요. 비전은 성장숭배의 시절에 통하던 것이었으니 이제 그 수명을 다한 것이라고 해야 정확합니다.

지금 우리에게 필요한 것은 신기루 같은 '비전'이 아닙니다. 그보다 깊은 의미감을 주는 '목적(purpose)'이 필요합니다. 중요하고 가치 있는 일에 동참하고 있다는 자부심, 마땅한 책임과 의무를 다하고 있다는 사실에서 오는 긍지와 보람이 필요합니다. 일하는 이유와 관련한 감동적인 스토리는 우리의 정체성을 대변하고 영혼을 흔듭니다. 이것만큼 강력한 충동을 일으키는 동기요인은 사실 없습니다. 생각해 보세요. 이유도 모르는 비전이란 얼마나 천박하고, 맹목적이겠습니까? 비전의 정당성은 오로지 목적에서만 비롯될 뿐입니다. 이를 모르는 리더들은 여전히 죽은 비전을 붙들고 탐욕에 갇혀 주구장창 성장만을 외칩니다. 그런 리더들의 레퍼토리는 '생존'과 '위기', 다가올 세상의 '혁신'을 운운하며 사람들을 위협과 공포로 몰아넣는 것이 고작입니다. 이들의 수사에 현혹된 사람들은 생존경쟁에 매달려 끝도 없이 질주합니다. 그리고 이를 눈치 챈 구성원들은 이제 조직에서 서서히 발을 빼기 시작했습니다.

## 목적이란 무엇일까?

목적은 내가 이 삶을 살아가는 이유이며, 삶의 끝에 만나고자 하는 최종 결과를 말합니다. 그러니까 '존재이유'라고 할 수 있지요. '나는 누구인가?', '나는 왜 이 삶을 살아가는가?', '왜 이 일을 하는가?'에 대한 답이라고 할 수 있습니다. 앞에서 논의한 리더의 자각과 결단은 다시 동기의 문제와 만날 수밖에 없습니다. 동기는 자기정체성과 그 목적에서 생성되기 때문입니다. 목적의식이 있는 사람들은 다른 존재에 의존하지 않고 텔로스(telos)에 따라 스스로 행동합니다. 쾌락과 권력 같은 외적 보상으로부터 자신을 독립시키고, 주체적 신념에 따라 스스로를 리딩합니다. 그들은 목적을 실현하기 위해 도전할 것이며 투덜댐 없이 장애를 넘을 것입니다. 목적은 삶의 좌표가 되고, 낯선 세계를 끌어안게 합니다. 생각의 지평을 넓혀주고 새로운 기회를 찾게 합니다. 그 결과, 목표너머에 보다 중요하고 본질적인 일에 초점을 둠으로써 혁신을 일으킵니다.

## 목적을 모르거나 목적의식이 없다면 어떻게 될까?

목적을 모르거나 목적의식이 없다면 어떻게 될까요? 그들은 제가 보건대 세 가지 특성이 나타납니다. 첫 번째는 허무주의입니다. 허무주의란 의미가 있다는 사실을 포기한 상태입니다("굳이 그렇게 까지 열심히 할 필요가 있나요?"). 이런 구성원들은 직장이 아니라 직장 밖에서 의미를 찾으려 발버둥 칩니다. 휴일과 휴가를 열망하고, 그를 누릴 때서야 비로소 생기를 회복합니다. 두 번째는 상대주의입니다. 상대주의란 일종의 편의주의라 할 수 있습니다. 목적이 사라지면 삶의 중심이 없어집니다. 매사 이럴 수도 있고 저럴 수 있다는 태도로 현실과 타협합니다. 어떤 것도 확신할 수 없는 미성숙한 태도를 보입니다("그때그때 다 다른 거죠."). 세 번째는 방향감의 상실입니다. 방향감을 상실한 사람은 길이 없으므로 눈앞의 과제에 몰두합니다. 주변사람들의 요구에 흔들립니다. 어디로 가고 있는지 모르기 때문에 불투명한 미래로 불안감을 경험합니다("제가 뭘 좋아하는지, 뭐가 되고 싶은지 모르겠어요.").

자살하는 사람들의 이유는 오직 하나, '살아야할 이유'가 없어졌기 때문입니다. 고난, 질병, 컴플렉스나 갈등 때문이 아니라 의미 없다고 느꼈을 때 갖게 된 내적 불만족이 자살로 이끈 것입니다. 마찬가지로 우리가 이 삶을 연명하는 유일한 이유는 의미를 발견했기 때문입니다. 사람들은 어떤 경우에 의미를 체험하게 될까요? 그간 직장은 사람들이 일속에서 경험하는 의미의 문제를 탐색하는데 생각보다 무관심했습니다. 나는 종종 사람들에게 묻곤 합니다.

"이 일을 왜 하시는 거죠?"
"지금의 일은 당신인생에 어떤 의미가 있나요?"

이런 질문을 받은 많은 사람들은 대체로 당혹스러워합니다. 이상하지 않나요? 이렇게 중요한 질문을 제쳐두고 우리는 모두 무엇을 하고 있는 걸까요? 누구도 물은 바가 없고, 스스로 생각해 본 바가 없었기 때문일까요? 립스 위어스마와 모리스(Lips-Wiersma & Morris)라는 두 명의 연구자는 오랜 문헌연구를 통해 사람들이 일에 대해 의미감을 느끼는 경험들을 네 가지로 구조화하였습니다.[62] 첫 번째, 사람들이 일에서 의미감을 느끼는 것은 진실한 삶을 체험하고 있다고 느낄 때입니다(developing and becoming self). 진실한 체험이란 자신의 가치, 신념에 따라 행동하며, 정신적으로 도덕적으로 성장해가고 있다는 느낌이 들 때를 말합니다. 두 번째는 다른 사람을 위한 삶을 살아가고 있다고 느낄 때입니다(serving others). 사람들은 이기적인 욕망을 충족하고 있을 때가 아니라, 누군가의 욕구를 충족시킴으로써 자신이 보다 위대한 존재임을 느낄 때 의미감을 경험합니다. 셋째는 다른 사람들과 일체감을 느낄 때입니다(unity with others). 공동체의 구성원으로서 사람들과 생각, 가치를 공유하면서 함께 하고 있다는 느낌이 들 때입니다. 넷째는 자신의 잠재력을 표현할 때입니다(expressing full potential). 무엇인가를 만들고 성취하여 주변에 영향을 미치고 있다고 느낄 때, 나아가 자신이 더 많은 사람들을 위해 중요한 유산을 남기고 있다고 느낄 때입니다.

그러니까 의미감을 주고 싶다면 리더는 다음과 같은 질문을 스스로 던져야 합니다. 이 질문들은 한마디로 나는 사람들에게 목적의식을 주고 있는가? 라고 할 수 있습니다.

» 나는 사람들에게 진실한 체험을 제공하고 있는가?

» 나는 그들이 보다 높은 도덕적 기준에 따라 살도록 자극하는가?

» 나는 그들의 존엄을 지켜주고 강화해 주는가?

» 나는 우리가 하는 일이 어떻게 세상에 기여하는 있는지를 설명하고 있는가?

## 의미감을 느끼지 못하는 사람들이 있다면?

어떤 이는 자신의 일에 특별한 목적, 의미가 없다고 한탄하는 사람들이 있습니다. 맞습니다! 일의 의미, 목적은 저절로 발견되거나 어느 날 불현 듯 찾아오는 게 아닙니다. 극단적으로 말하면 모든 일에는 원래 의미가 없습니다. 대체로 '재미'는 금방 발견되고 또 금방 휘발되지만, '의미'란 의식적으로 찾지 않으면 좀처럼 발견되지 않는 경우가 허다합니다. 하지만 한번 찾으면 그것은 쉬이 사라지지 않습니다. 처음에는 별맛이 없지만 시간이 무르익어야 깊어지는 장맛처럼, 진득이 세월을 감내해야만 비로소 발견되는 선물이 의미입니다. 혼돈, 갈등, 난관, 어려움, 장애를 통과할 때, 그 경험의 밑바닥에서 꼬물꼬물 솟아나 가슴에 박혀 잔잔히 의지를 불태우는 것, 그게 바로 의미입니다. 그러니까 의미 있는 일이 따로 있는 것이 아니라 의미는 그것을 찾고 부여하기 때문에 생겨납니다. 그러므로 리더는 먼저 목적의식으로부터 의미를 찾고 이를 구성원들과 나눌 수 있어야 합니다.

일찍이 아리스토텔레스는 〈니코마쿠스 윤리학〉에서 삶의 진정한 행복을 '에우다이모니아(eudaimonia)'라고 말했습니다. 그것은 감각적 재미가 아니라 자기 재능이 최고로 발현되어 탁월함을 이룬 상태를 뜻합니다.[63] 탁월함은 시간을 견뎌 자신에게 주어진 가능성을 진보시켜갈 때 만나는 최고의 선입니다. 귀찮고 번잡하고 괴로워 견디길 포기한다면, 또는 순간적인 자극에 자족한다면 의미가 주는 진정한 행복을 경험할 수 없습니다. 사는 일은 허무의 대지 위에 의미의 씨앗을 뿌리는 영웅적 전투입니다. 의미는 신의 선물이 아니라, 노력하고 견디는 사람들, 의지로서 자기 삶을 창조하는 사람들이 만들어가는 행복의 경험입니다. 감각에 탐닉함으로써 이리저리 굴러다니는 공처럼 살게 아니라면, 목적을 찾고 루틴을 만들어 자기 가능성을 실현해 볼 일입니다. 돈키호테 같은 망상이면 어떻겠습니까? 그런 이상과 의지가 사라졌다는 사실이 우리 삶을 더욱 비극으로 만들고 있지 않습니까?.

## 어떻게 의미감을 줄 수 있나?

그렇다면 리더로서 어떻게 사람들에게 의미감을 줄 수 있을까요? 그것은 단 하나, 내가 먼저 의미 있는 삶을 살아가는 것입니다. 내 삶이 의미가 넘쳐야 다른 사람에게로 이를 나눌 수 있습니다. 의미는 행복만큼이나 자의적이지만 행복처럼 결코 자족적이진 않습니다. 그것은 사사로운 안녕을 추구하는데 얻어질 수 없고, 허위의식으로 자기를 기만하면서 얻을 수 있는 것은 아닙니다. 그보다 자신에게 보다 진실하고, 동시에 공동체적 가치를 확장하는 일을 할 때 발견됩니다. 그러니 1)일의 목적이 사라졌거나 무너졌다면 이를 복원해야 합니다. 우리가 얼마나 중요하고 가치 있는 일을 하는지 그리고 리더로서 어떤 꿈과 이상을 가졌는지, 어떤 노력을 하고 있는지, 함께 어떤 일을 하고 싶은지를 전달해야 합니다. 2)그 과정에 있을지 모를 위선을 없애야 합니다. 목적을 실현하는 최우선의 과업을 선정하고 여기에 집중하며, 나타나는 과오와 오류를 수정해 가야합니다. 그리고 3)하고 있는 사업을 통해 어떤 변화를 만들어 내고 있는지, 세상에 어떤 충격을 주고 있는지를 증명하여 그 결과를 보여줄 수 있어야 합니다. 의미가 발견의 산물이라면 리더는 의미를 부여하는 것이 아니라 이를 발견할 수 있는 경험을 만들어야 합니다.

왠지 버겁고 지난한 과정처럼 느껴지나요? 하지만 그 때문에 괴로워할 필요가 없습니다. 요행과 잔기술을 버리고, 이 여정을 당신의 삶으로, 인격으로 만들면 되는 일입니다. 일상의 말과 행동을 목적에 따라 일관되게 드러내는 것입니다.

# 덧글

"당신은 누구를 위해 살아가나요?" 그러면 사람들의 가장 일반적인 대답 중의 하나는 "저를 위해서죠" 아니면 "가족이요."라고 말합니다. 이 대답이 진심이라면 이 말은 가상하지만 몇 가지 위험성이 있습니다. 그것은 단지 유전자의 명령을 충실히 따르는 것에 불과하며, 암묵적으로 나와 내 가족이외의 다른 사람들을 배제할 수 있음을 내포합니다. 결과적으로 자신의 삶을 자신과 가족으로 제한하면서 삶의 의미를 축소하는 꼴입니다. 가족은 삶의 강력한 동기처럼 보이지만 실은 불안을 가중시키고 동기를 소진시키며 자기파괴적 행동을 유발할 수 있습니다. 지금껏 세상의 모든 악인과 폭군, 졸부들의 공통점은 하나같이 저를 위해, 제 가족을 위해 살았습니다.

자신과 가족이 어찌 소중하지 않겠습니까? 하지만 이것이 정말로 중요하다면 자신과 가족을 위해 어떤 삶을 살아야 하는가를 물어야 합니다. 물질적 풍요와 경제적 안정이 가족에게 남겨야 할 최고의 유산은 아닙니다. '누구를 위해 어떤 삶을 살아야 하는가?'라는 질문으로부터 삶의 목적을 성찰하는 일이 리더로 가는 관문입니다.

목적이 과연 사람의 동기를 높이는가? 아직도 여전히 의심이 든다면 '목적중심의 기업(purpose-driven company)'들을 주목해보십시오.[64] 이런 기업들은 전통적인 기업들과 달리 목적을 통해 구성원은 물론 고객들에게 진정성있는 체험을 제공합니다. 그 이유는 자신들의 상품과 서비스 안에 조직의 숭고한 목적을 담아내고 있기 때문입니다. 구성원은 성과를 낳는 에이전트가 아니고 보다 더 큰 숭고한 목적을 실현해가는 전사입니다. 그래서 단기적인 성공에 집착하는 기업들과 근본적으로 차별화된 혁신적 결과를 만들어냅니다. 연구결과에 의하면, 목적을 기반으로 한 기업들은 그렇지 않는 기업들에 비해 3배 이상의 시장점유율과 성장률을 보여주었습니다. 고객들은 점차 이런 눈으로 기업과 관계를 설정하면서 팬덤을 형성하기 시작했습니다.[65] 조직구성원들도 조직의 가치를 자신의 가치와 결부시키고, 일에 대한 의미감, 자부심을 경험하고 있습니다. 연구에 의하면 목적으로 고무된

구성원들은 그렇지 않은 구성원들에 비해 무려 2.25배의 성과를 만들어 냈습니다.[66]

목적을 잃은 리더나 기업들은 죽은 비전을 붙들고 전략, 전술, 비책을 찾아다니지만, 목적을 가진 리더와 기업들은 목적 그 자체로 승부함으로써 사람들의 심금을 울리고 있습니다. 목적이야말로 가려져 있었던 진정한 동기의 발원지인 것이지요. 먼저 우리 자신에게 실험하고 검증해 보지 않겠습니까?

# 어떻게 해야 주인의식이 생기나?
## 신성한 계약, 인게이지먼트

'주인의식'이라는 말은 구성원의 관점에서 보면 황당무계한 말입니다. '자신은 피고용인인데 주인의식을 가지라니?' 그래서 요즘 구성원들은 우스갯소리로 '주인을 의식하란 말인가요?'라고 반응한다고 합니다. 주인의식은 리더의 관심이지 종업원의 관심일 리 없습니다. 더군다나 규칙과 인센티브, 상대평가가 일상화된 직장에서 주인의식을 기대한다는 것은 그야말로 언어도단입니다. 도구적 관계로는 신뢰와 열정, 애착과 몰입을 이끌어 낼 수 없습니다. 구성원에 대한 애정과 연민, 존중과 배려, 그리고 가치와 신념의 거래가 있어야 합니다.

신입사원은 3분의 1은 1년 안에 퇴사합니다.[67] 직장인의 80%이상은 우울증을 경험합니다.[68] 직장인 10중 7명은 창업을 꿈꿉니다.[69] 이들은 권위적인 직장문화, 불안정한 고용계약, 과중한 업무, 경쟁적인 관계, 엄격한 상벌체계 등으로 직장에 염증을 느끼고 있습니다. 이것이 오늘날 우리 직장의 민낯입니다. 이런 현실을 부인하고 사람들을 비난하면서 열정을 불어넣겠다고 하는 생각은 사리에 맞지 않습니다. 직장과 개인은 이제 좀 더 솔직해질 필요가 있습니다.

경영자들의 일반적인 속마음은 이렇습니다. "나는 네가 성과를 낳지 못한다면 계속해서 데려갈 수 없어." 구성원의 회사에 대한 속마음은 이렇습니다. "저는 이 회사에 충성할 마음이 없습니다. 저도 제 비전을 찾고 싶어요." 이런 속마음을 서로 숨겨두고 같이 일하고 있다면 그것은 단 하나, 서로 경제적 실익을 채우는 것뿐입니다. 낮은 수준의 협잡이 일어나고 있는 것이지요. 그러니 "주인의식을 가져라", "왜 열정이 없니?", "왜 책임감이 없니?", "저도 제 사생활을 보호받고 싶어요". "과도한 책임은 싫어요." 등등의 치정극이 넘칩니다.

## '주인의식'을 높이는 게 가능한가?

저는 먼저 조직이 일의 의미, 즐거움, 성장 경험 없이 사람을 단지 기계나 도구로 전락시킨 과오를 인정하고 고백해야 한다고 생각합니다. 그런 반성 없이는 직장은 이른바 '영혼 없는 리액션'들로 가득 차 있습니다. 그럼 구성원들은 책임이 없을까요? 마음 깊숙이 자리한 탐욕, 정년까지 버텨보려는 꼼수, 기회주의적인 생존전략이 있었음을 부인하

지 않아야합니다. 스스로 어떻게 자존감을 무너뜨렸는지 반성해야 합
니다.

  조직은 건강한 개인들이 모인 사명의 공동체입니다. 전통적인 주종
관계, 그러니까 지배나 복종, 시혜와 의존의 관계가 아니라, 가치로 결
탁된 성숙한 사람들의 운명 공동체입니다. 설령 그렇지 않다고 해도 서
로에게 주어진 책임을 다하는 건설적인 관계여야 하지 않겠습니까? 구
성원은 입사할 수 있고, 퇴사할 수 있는 자유가 있습니다. 회사도 고용
할 수 있고, 해고할 수 있는 자유가 있습니다. 이전과 같은 평생직장의
개념이 사라지면서 임시적 관계는 불가피해졌습니다. 더 이상 충성을
요구할 수도 없고 또 그래야 할 이유도 사라졌다면, 이제 개인과 직장
의 바람직한 관계는 어떠해야 할까요? 밑도 끝도 없는 주인의식을 강
조할 것이 아니라 사명과 비전경쟁을 벌여야 합니다. 회사는 보다 매력
적인 사명과 비전으로 구성원의 마음을 사야하고, 구성원은 책임감 있
고 경쟁력 있는 사람으로서 자기 가치를 높여야 합니다. 회사의 사명과
비전이 매력적일수록 구성원은 자기비전을 포기하고 회사의 비전과
사명에 포섭될 것이지만, 그렇지 않다면 구성원은 자기사명과 비전을
찾아 회사를 떠날 것입니다. 누가 승자가 되느냐는 핵심이 아닙니다.
서로는 의미 있는 가치의 결속을 하고 있느냐가 핵심입니다. 서로의 성
장과 삶을 존중하고 조직의 바운더리를 넘어 가치의 공유가 있다면, 구
성원은 구태여 직장 안팎을 구분하지 않고 조직과 건전한 연대를 만들
것입니다. 이를 '인게이지먼트(engagement)'라고 부릅니다.

인게이지먼트는 본래 구속이나 계약을 뜻하는 프랑스 말인데, 샤르트르는 이 말에 실존적 의미를 부여해 사용했습니다. 인간이 삶의 의미를 경험하기 위해서는 어떤 것으로부터 벗어나야 함은 물론, 어떤 것에 자기 자신을 스스로 잡아매는 주체적 행위를 해야 한다는 것입니다. 이것이 '앙가주망'입니다. 그러니까 앙가주망이란 현재 상태로부터의 자기해방인 동시에 스스로 선택한 자기구속입니다. 강렬한 호명에 답함으로써 사명에 스스로를 잡아맨 사람들, 그게 삶의 양식이라는 것이지요.

이런 상태가 되려면 리더는 구성원의 꿈과 비전이 무엇인지 탐색해야 합니다. 그들이 어떤 꿈과 희망으로 이 직장에 참여하고 있는지를 묻고, 그 열망을 보호해 주어야 합니다. 함께 하는 동안 성장하고 개발할 수 있는 기회를 제공하고, 그 길을 가고 있다는 믿음을 주어야 합니다. 그래야 구성원은 그런 리더와 조직에 대해 호기심을 보입니다. 그때 비로소 주체적으로 조직과 어떤 관계를 형성해야 하는지 판단을 할 수 있게 됩니다. 조직의 꿈과 이상, 목적과 비전이 자신의 것과 합치되는 지점이 있을 때, 스스로를 붙들어 매는 앙가주망을 실현할 수 있습니다. 그런 구성원은 조직에 대한 애착과 함께 조직을 운명공동체로 느낄 것입니다. 하지만 그 반대라면 조직과의 접점이 사라지면서 기회주의적으로 생각할 수밖에 없습니다. 인게이지먼트가 우리말로 약속, 약혼을 뜻하는 것처럼 직장과 개인의 관계는 파기되고 해체될 수 있지만, 그럼에도 성실한 의무와 책임을 다할 것이라는 신성한 서약이 있을 때,

건강한 연대가 만들어지지 않겠습니까? 기생하고, 투정하고, 또는 강요하는 치정극이 사라지지 않겠습니까?


## 덧글

인게이지먼트에 관한 한국인을 대상의 조사결과를 보면[70], 한국의 직장인들 중 직장에 깊이 몰입하고 있는 사람은 7%밖에 되지 않았습니다.(글로벌 평균 15%), 그리고 직장에 부정적인 영향을 미치는 사람들은 자그마치 26%였습니다.(글로벌 평균 18%). 또 2010년에 '열심히 일한다면 더 나아질 수 있다'라는 믿음을 가진 사람은 73%인데 반해, 2018년에는 불과 47%밖에 되지 않았습니다. 그 중 특히 인상적인 것은 한국의 직장인들은 '직장 안에서 자기의견이 존중받지 못하고 있다'는 느낌을 받고 있었습니다.

우리 직장은 빠른 변화 앞에서 전통적인 위계적 문화를 청산하지 못하고 있습니다. 그렇다고 새로운 형태의 문화적 실험도 완성하지 못했습니다. 전통적 가치의 붕괴, 또 이를 대체할 새로운 가치의 부재가 사람들을 뿔뿔이 개인화시키면서 차이와 갈등을 부각하고 있는 듯한 인상입니다. 주인의식이란 스스로 삶의 주인임을 자각하는 일입니다. 그러려면 사람을 주인으로 대우해야 합니다. 그것은 결국 두 가지입니다. **하나는 일을 하는 이유에 해당하는 목적의식을 스스로 발견하게 하는 것이고, 다른 하나는 파격적으로 자율성을 부여함으로써 구성원에게 일의 전권을 부여하는 것입니다.** 그래야 자신들의 욕구와 열망이 담긴, 목적을 구현하려는 다양한 형태의 프로젝트들이 살아날 수 있습니다. 저는 몇몇의 회사들과 이 실험을 진행 중에 있습니다. 시행착오는 불가피하지만 거기서 배우는 일을 멈추지 않는다면 새로운 가능성을 만들어 낼 것이라 믿습니다.

- 사람들의 일상적인 요구 이면에는 숨겨진 욕구가 있다. 나와 함께 하는 구성원들이 진심으로 원하는 것, 기대하는 것은 무엇인가?

- 외재적 보상이 내재적 보상을 파괴할 수 있다는 구체적인 증거는 무엇인가? 이 둘의 균형과 조화가 필요하다면 구체적으로 무엇을 어떻게 하는 것인가?

- 도구적 몰입, 정서적 몰입, 도덕적 몰입과 관련한 자신의 경험을 찾아보자. 그때 나의 심리, 행동은 각각 어땠는가?

- 사람들이 도덕적 몰입을 하게 한다면 리더가 어떤 행동을 하고 있기 때문인가?

- 당신에게 현재 직장의 의미, 일의 의미는 무엇인가?

- 당신이 현재의 일을 하는 이유, 궁극적인 목적은 무엇인가? 나아가 당신 삶의 목적은 무엇인가? 이런 목적은 주변인에게 공감을 불러일으키는가?

- 립스 위어스마와 모리스(Lips-Wiersma & Morris)의 모형에 근거할 때 당신은 어떤 경험에서 보다 의미감을 느끼는가? 구성원들은 어떠할 것이라고 생각하는가? 이런 경험을 설계하려면 무엇을 어떻게 해야 하는가?

- '주인의식' 이라는 말을 자신의 언어로 설명해보자.

- 구성원과 조직이 윈윈의 관계를 설정한다면 리더로서 당신이 해야 할 일은 무엇인가?

- 가장 절정의 순간을 떠올려보고, 그 경험으로부터 배울 수 있는 동기의 원리를 정리해 보자.

# 04

위기, 혼돈, 갈등이 닥치면 진짜와 가짜가 구분된다.
가짜들은 뒷전으로 물러 앉아 변명하고 세상을 탓한다.
하지만 진짜들은 문제에 맞서 책임을 지고 신념을 사수한다.

# 리더십의 발현

지혜와 통찰

# 01

# 결국 성과를 내야하는 것 아닌가?
## 성과라는 이름의 블랙홀

"다 열심히 했는데 어떻게 누구에게는 A를 주고 누구에게는 B를 줄 수 있나요?"

"솔직히 사람들을 평가할 때면 인간적 고뇌가 있습니다."

"결국, 나눠먹기식으로 평가하죠."

"만만한 KPI를 갖고 협상하는 게 상책입니다."

"어떤 직무는 그 직무의 중요성이 부각되지 못해 불리한 평가를 받게 됩니다."

"게으르고 무능한 친구가 있다면 마음이 편안합니다. 그 친구에게 C를 주면 되거든요."

성과평가에 관해 리더들이 자주하는 볼멘소리들입니다. 왜 이런 투정들이 만연해 있을까요? 그 주범은 당연 '성과주의'입니다. 성과는 블랙홀처럼 조직의 모든 관행을 빨아들였습니다. 사람들은 성과를 향해 내몰렸고, 그것으로 모든 것을 재단하고 모든 것을 증명 받아야 했습니다. 특히 리더의 역할을 하는 사람들은 성과로 인한 도태 불안을 느끼고 있습니다. 그들은 농담처럼 이렇게 말합니다.

"숫자가 인격입니다."

성과주의는 '인간'을 자원(resource)으로 치환하여 상대적으로 차등 평가함으로써 교묘히 사람들을 억압했습니다. 최근 글로벌 기업을 비롯해 많은 기업들이 성과주의, 즉 상대평가를 완화하는 분위기가 생긴 것은 이 때문입니다. 성과주의가 이전과 달리 순기능을 하지 못하는 이유는 다음과 같습니다.

> » 성과는 일시적인 성공지표일 뿐, 장기적 성공을 예측하지 않습니다.
> » 경기가 나쁠수록 성과주의는 더 기능하지 못합니다.
> » 성과는 구성원을 전혀 동기부여 시키지 못한다. 협력과 소통, 창의성을 파괴합니다.
> » 고객은 기업의 성과에 아무런 감흥이 없습니다.
> » 사회가 원하는 것은 성과가 아니라 정의, 자유, 평등과 같은 인류 보편의 가치입니다.

피터 드러커, 로크 같은 학자들에 의해 조직 활동의 체계적인 관리방

식으로 활용되어 온 '목표관리(management by objective)'는 '성과관리''라
는 세련된 옷을 입고 구성원을 감시, 통제하는 신 테일러리즘을 부활시
켰습니다. 그런 점에서 목표관리는 오늘날 자본주의의 비극에 대한 미
필적 고의가 있다고 해도 과언이 아닙니다. 한정된 자원을 놓고 차등적
으로 보상을 연계시킨 성과관리 시스템은 의도하지 않았을지라도 결
과적으로 조직 안에 불행의 불씨를 남겼습니다. 먼저 구성원의 외재적
동기를 자극하면서 목적과 본질, 사명과 책무에서 오는 건전한 의욕을
꺾어버렸습니다. 사람들은 경쟁적으로 비열한 생존게임에 내몰린 듯
한 느낌을 받았습니다. 그래서 직장을 빨리 탈출해야 하는 비극적 공간
으로 만들었습니다. 심지어 목적과 수단을 전도시키는 비윤리적인 행
동에 대해서도 묵인하는 경향이 있었습니다. 특히 과도한 목표, 엄격한
데드라인은 부정행위를 부추기면서 주가조작, 매출조작, 회계 비리, 불
량품질과 서비스를 유도한 셈이 되었습니다.

제가 만난 대부분의 리더들은 단기적이고 지엽적인 목표 때문에 균
형 잡힌 관점을 가질 수 없다고 하소연했습니다. 성과가 최우선의 과제
가 되면서 더 중요한 과제들을 다룰 수 없다고 토로했습니다.

성과에 기반한 차등적 보상은 구성원들로 하여금 배움의 기회를 빼
앗고 조직 안에 육성과 개발의 풍토를 흩뜨립니다. 배움, 도전, 실패, 성
장, 창의성, 협력성, 혁신성 등을 그저 구호로 전락시킵니다. 그런데도
많은 기업이 이를 포기하지 못하는 이유는 무엇일까요? 솔직히 말하면

'탐욕'과 '실리' 때문입니다. 그리고 곧이어 '생존을 위한 선택'이라고 말합니다. 누가 이 말을 부인할 수 있겠습니까? 하지만 여기에는 주객이 전도되어 있습니다. 성과는 목적이 아니라 결과입니다. 목적이 사라지면 난데없이 성과라는 괴물이 목적으로 둔갑합니다.

변화와 혁신은 성과기반의 '투기적 모델(profit model)'로 가능하지 않습니다. 그렇다 해도 그 가치는 지속될 수 없습니다. 거기에 목적중심의 '인간성 모델(humanity model)'을 앉혀야 합니다. 목적이라는 씨앗이 뿌리를 내려야 제대로 된 나무로 자라고 풍성한 열매가 맺히는 법입니다. 씨앗을 파종하지 않고 열매를 따려는 마음은 도둑심보와 뭐가 다르겠습니까? 어떤 리더들은 목적을 괄호치고, 홈페이지에, 브로슈어에, 온갖 광고에서 이를 들먹였을 뿐 실제는 그렇지 않았습니다(결국 이윤이야!). 목적이 제자리에 놓이면 모든 관행은 여기에 따라 다시 정렬될 수 있습니다. 사람은 도구가 아니라 존재의 가능성을 실현하려는 영혼을 가진 존재임을 알 수 있습니다. 그들의 상처와 고통 속으로 들어가 공감하고 연대하며 더 큰 이상을 향해 함께 가기로 결단합니다. 이것이 인간 영혼의 잠재력을 일깨우는 인간성 모델입니다.

'성과'가 중요하지 않다고 말하는 것이 아닙니다. 분명한 것은 그 자체가 목적이 아니라는 것입니다. '위기'와 '생존' 운운하는 천박한 철학 대신, 지금의 시대정신을 묻고 새로운 가치와 이상으로 사람들의 마음을 흔들어야 합니다. 예를 들어 어떤 두 사람이 똑같이 10이라는 성과를 만들었다고 해봅시다. 한 사람은 목적을 따라가는 과정에서, 한 사람은 성과자체를 쫓는 과정에서 만든 결과라면, 둘은 같은 사람처럼 보이지만 시간이 지나면서 두 사람의 차이는 극명하게 달라질 것입니다. 탁월한 궁수가 되기 위해 누군가는 심신을 훈련하고 누군가는 과녁만을 조준하고 있다면, 그 결과는 자명하지 않겠습니까?

목적이 바로서면 결과로서의 성과는 저절로 만들어집니다. 목적이 바로서면 목적을 겨냥한 핵심과제들이 발견되고, 이를 중심으로 핵심활동들이 정렬됩니다. 목적에 직접적 충격을 주는 과제를 성과지표로 활용해야 합니다. 종래의 성과관리는 이 과정이 없었거나 사문화되어 버렸기 때문에 목적과 과제의 의미를 해독하지 못했습니다. 단지 성과지표만이 지상최대의 과제라고 생각한 것이지요. 그러면 성과는 맹목이 되고 일의 의미가 사라집니다. 하지만 목적으로부터 연역된 성과지표는 도리어 지표를 뛰어넘는 담대한 실험과 도전을 촉구하고, 경쟁이 아니라 협력을 유발합니다.

## 시간이 없는데 어떻게 하나?

"시간이 없어요."

"중요한 것은 알지만, 회사가 절 기다려주는 것은 아니에요."

여전히 이렇게 반문할지 모르겠습니다. 그러나 이를 극복하지 못한다면 우리는 눈앞의 단기성과에 눈이 멀어 스스로 무능함을 드러내지만, 그런다고 회사가 당신을 위로하고 인정해줄 리 없습니다.

이런 이야기를 들어보셨나요? 외딴 숲속에 혼자 살고 있는 은자가 있었습니다. 그는 해마다 여름이면 겨울에 지필 땔나무를 미리 베어 놓았습니다. 그러던 어느 해 초가을, 우연히 일기예보를 듣고 있었습니다. 그 일기예보에는 올 겨울은 혹독한 추위와 함께 큰 폭설이 닥칠 것이라는 내용이 있었습니다. 그는 아직 충분한 땔나무를 만들어 놓지 못했기 때문에 예보를 듣자마자 서둘러 숲속으로 달려갔습니다. 우선 자신이 가지고 있던 톱을 점검했습니다. 그랬더니 톱날은 다시 갈아야 할 만큼 무디어져있었고 녹도 슬어 있었습니다. 그는 잠시 머뭇거리다가 그만 고개를 절레절레 저으며 말했습니다. '시간이 없어. 빨리 나무를 베지 않으면 올 추위를 감당할 수 없을 거야.' 그리고는 정신없이 톱질을 시작했습니다. 처음 한두 그루는 금방 베어졌지만, 톱날은 무디어 있었기 때문에 시간이 갈수록 나무를 베는 일은 더욱 힘들어지기 시작했습니다. 며칠이 지나 눈이 내리기 시작했지만, 그는 아직도 나무를 다 베어내지 못하고 망연자실 할 수밖에 없었습니다.

정작 중요한 것은 날을 세우는 일인데도 은자는 발등에 떨어진 불을 꺼야 한다는 생각에 톱질만 하는 어리석음은 저질렀습니다. 당장 눈앞에 닥친 일들은 항상 우리를 수렁에 빠뜨립니다. 지금의 현실만큼 생생하게 체험되는 것은 없지만, 바로 여기에 훌륭한 리더와 그렇지 않은 리더가 구분됩니다. 탁월한 리더들은 현재해야 할 일과 장차 해야 할 일을 효과적으로 구분합니다. 그들은 현재가 과거와 미래와 만나는 지점이라는 것을 통찰하고 있습니다. 그래서 무엇이 더 근본적인 문제이고, 무엇이 더 지엽적인 문제인지를 판별합니다. 그것은 다름 아니라 목적의식 때문입니다. 목적은 더 중요한 것과 그렇지 않을 것은 가르쳐 주기 때문에 우리를 시간의 노예가 아니라 시간의 주인이 되게 합니다.

윤 석철 교수님은 이를 '우회축적의 원리'라고 말했습니다.[71] 원하는 결과를 얻으려면 당장은 성과가 나오지 않지만, 우회하여 역량을 축적하지 않으면 지속적인 결과를 얻을 수 없습니다. 잘 나가다가 어느 날 갑자기 추락하는 사람들이 있습니다. 그들은 톱날을 가는 일을 소홀히 했기 때문입니다. 우리 삶은 100미터 달리기가 아니라 마라톤과 같습니다. 마라톤을 하는 사람들은 힘을 분산하고 비축하는 요령을 알 뿐 아니라, 최종 목적지를 향해 자신을 균형감 있게 컨트롤 합니다. 시간이 부족하면 과업을 쪼개야 하고, 쪼갠 과업들은 데드라인을 정해 보다 중요한 단위과업별로 시간을 할당해야 합니다. 성과는 그것이 목적으로부터 연역된 것이 아니라면 언제나 폭군이 되어 우리를 괴롭힙니다. 속성으로 결과를 얻으려는 것은 '빨리 빨리'의 신화가 만든 착시입니다.

# 성과평가는 어떻게 하나?

그럼 어떻게 성과평가를 해야 할까요? 상대평가를 하는 한 우리는 공정한 평가를 할 수 없습니다. 공정성은 객관적 인식이 아니라 주관적인 인식입니다. 그러므로 공정하기 위한 최선의 방안을 지속해서 찾아야 합니다. 평가결과가 연봉이나 승진과 연계되는 것은 불가피해 보이지만 평가 자체에 초점을 두고 있다면, 순기능을 기대하기는 어렵습니다. 어떤 사람도 자신이 평가받는 것을 달가워하지 않을 테니까요. 그러므로 평가는 그 목적이 성장과 개발의 정보를 제공하는 것이어야 하고, 동시에 절차적 공정성이 확보되어 있어야 합니다. 그러기 위해서는 더더욱 조직의 목적으로부터 바람직한 행동기준과 역량을 밝히고, 이에 구성원이 함께 합의하는 절차가 전제되어야 합니다. 그래야 정당성, 공정성, 투명성이 확보될 수 있습니다.

목적이 함수로 작동하면 단순한 성과달성이 아니라 목적달성의 과정을 문제 삼게 됩니다. 목적을 구현하기 위한 역량의 축적과 혁신활동이 정당하게 평가됩니다. 그런 평가가 성장과 개발을 촉진합니다. 무턱대고 높은 성과를 낸 사람들에게 보상이 돌아간다면, 구성원은 수단과 방법을 불문하고 결과를 만들기 위해 행동을 왜곡합니다. 그러면 목적 중심의 성장문화가 만들어질 수 없습니다. 평가는 잘잘못을 가리기 위한 것이 아닙니다. 우리의 모든 행동이 목적을 구현하는 활동인가를 확인하기 위한 것입니다 그러면 과정과 절차, 결과에 대해 얼마든지 함께 토론하며 발전적인 대안들을 계속해서 찾아갈 수 있습니다.


## 덧글

'뉴욕시에는 비 오는 날 왜 택시 잡기가 어려울까요?'라는 흥미 있는 연구가 있었습니다.[72] 일단 비가 많이 오면 탑승객이 많기 때문이기도 하지만, 이것만이 전부는 아니었습니다. 행동경제학자 콜린 캐머러(Colin Camerer)는 이 문제와 관련하여 다음과 같이 가설을 만들었습니다. 이를 '소득 타겟팅(income targeting)'이라고 부릅니다. 즉 택시운전사들은 매일 일정량의 수입을 달성하고자 하는데, 일단 그 목표에 도달하면 더 이상 영업을 하지 않고 귀가한다는 가정입니다. 그는 실제 뉴욕시의 3,000대의 택시미터기 값을 분석하고, 운전자의 수입과 귀가시간 등을 감안하여 이 가설을 검증했습니다. 그리고 그 가설은 강력히 지지되었습니다. 택시기사들은 비 오는 날이면 다른 때보다 빨리 목표가 달성되기 때문에, 평상시보다 서너 시간 일찍 집으로 돌아가 버렸습니다. 그러니 시민들은 오후가 되면 택시잡기가 어려웠습니다. 물론 비 오는 날 운전하는 것은 유쾌한 날이 아니니 일찍 귀가했을 가능성도 있습니다.

이 사실은 무엇을 말할까요? 목적은 없고 목표만 주어졌을 때, 사람들은 목적을 망각하고 목표에 함몰된다는 것을 보여줍니다. 택시운전자의 목적(사명)은 사람들을 목적지까지 빠르고 안전하게 데려다 주는 것입니다. 특히 비가 오거나 폭풍우가 친다면 이 목적은 더욱 중요한 일일 것입니다. 하지만 목적을 잃으면 본의 아니게 목표에 매여 자신도 모르게 행동을 왜곡합니다. 왜 성과를 만들어야 하는지에 대한 질문이 있어야 진정한 성과가 만들어집니다.

# 02

# 사람들을 어떻게 변화시키나?
## 불가능의 가능성

'사람들을 어떻게 변화시키나요?' 오죽 답답하면 이런 질문을 하겠습니까? 그렇습니다! 정말로 우리주변에는 변화시켜야 할 사람들이 넘쳐납니다. 그들은 우리에게 늘 고통을 줍니다. 거만하고 부도덕한 사람, 꽉 막혀 말이 통하지 않는 사람, 무례하기 이를 데 없는 사람, 아무리 노력해도 변화할 기미가 없는 사람, 잘못을 인정하지 않는 사람 등등… 대체 이런 사람들은 왜 그런 것일까요? 도무지 이해할 수 없다는 생각이 드나요? 하지만 보다 정확한 질문은 이것입니다.

'우리는 도대체 왜 그런 걸까요?'

## 나는 대체 왜 그러는 걸까?

우리는 자신을 나이스한 사람으로 인식함으로써 의욕, 생기를 갖도록 진화되었습니다. 그렇지 않다면 평생 자기비하, 우울, 무력감 속에서 살았을 것입니다. 우리에게는 놀라운 재능이 있습니다. 다름 아니라 자신의 무지와 무능을 덮는 능력이지요. '더닝-크루거 효과(Dunning – Kruger effect)'라고 불리는 유명한 실험이 있습니다. 그 중 하나를 소개하면 이렇습니다. 더닝과 크루거는 대학생들에게 다양한 논리적 추론 과제 20개를 내어준 뒤, 자신들이 실제 몇 점을 맞았을지 그 점수를 추정하게 했습니다. 하위권의 점수를 얻은 학생들은 실제 12점을 얻었지만, 그들은 자신이 평균 68점수를 얻었을 것이라고 추정했습니다. 반면 상위권의 점수를 얻은 학생들은 자신들의 점수를 평균 68점으로 추정했습니다. 하지만 그들의 실제 얻은 점수는 86점이었습니다.

더닝과 크루거는 자신들의 추가적인 연구를 통해 무능한 사람들은 대체로 자신의 역량을 과대평가하는 경향이 있다는 것을 밝혀냈습니다. 그들은 실제로 무능할 뿐 아니라 자신이 무능하다는 사실조차 깨닫지 못하는 이중고를 경험하고 있었습니다. 그 이유는 이렇습니다. 첫째, 자기 역량에 관해 정확한 피드백을 받을 수 있는 환경에 노출되어 있지 않았습니다. 둘째, 자신에 관한 부정적인 피드백을 수용하지 않았습니다. 셋째, 부정적 피드백을 수용한다 해도 이에 대한 정확한 원인 규명에 실패했습니다. 이들은 대체로 성공은 자신에게, 실패는 타인과 상황에 귀인시키는 오류를 범하고 있었습니다. 넷째, 이들은 다른 사람들의 유능함을 무시하고, 자신의 성공만을 선택적으로 기억하고 있었습니다. 그러니까 우리는 무지할수록 자기를 더욱 과장합니다. 게다가 크고 작은 성공경험들이 보태어지고 주변의 인정과 칭찬이 있다면, 자기의 행동, 가치, 신념은 도전받지 않을 것입니다. 그래서 성공한 사람들이 더 맹점이 많은 이유입니다. 세상의 상사들은 왜 하나같이 또라이 기질이 있는가에 대한 답입니다. (나도 지금 이 망상 속에서 이 글을 쓰고 있습니다.)

우리는 누군가가 문제가 있다고 말하지만, 그것은 그의 문제가 아니라 나의 무지일지 모른다는 점을 기억해야 합니다. 많은 리더들은 구성원들의 문제가 그 구성원의 내적 특성에서 기인하다고 생각합니다. 머리가 나쁘거나 행동이 굼뜨거나 게으르거나 성격이 이상하다거나 하는 식이지요. 하지만 이 문제를 우리 자신에게 적용해보면 어떨까요? 우리는 생각보다 자신이 괜찮은 큰 흠이 없는 사람이라고 생각합니다. 그런데 왜 다른 사람은 그런 눈으로 보지 못하는 것일까요? 이를 심리학에서는 근원적 귀인오류(fundamental attribution error)라고 말합니다.[73]

여기서 벗어나는 일은 가능할까요? 안타깝지만 불가능합니다. 우리는 우리의 뇌 밖으로 나갈 수 없습니다. 다만 이를 줄이고자 노력하는 현명한 사람들이 있습니다. 그들은 자기과시의 욕망에서 벗어나 겸손합니다. 겸손은 자기모순을 수용함과 동시 새로운 것을 배우려는 용기입니다. 완벽해지려고 하기보다 자신을 용서하고 새롭게 배우기를 시작합니다. 또 이런 사람들은 여러 개의 관점으로 자신을 바라봅니다. 자신의 눈만이 아니라 상대의 눈으로, 고객의 눈으로, 아랫사람의 눈으로, 약자의 눈으로, 5년 뒤, 10년 뒤, 혹은 100년 뒤의 눈으로, 신의 눈으로, 양심과 영혼의 눈으로 자신을 바라봅니다. 심지어 보이지 않는 것들을 보고자 노력합니다. 그래서 함부로 판단하는 일이 없습니다. 또 마음을 열고 피드백을 받습니다. 잘난 자신을 단박에 뭉개줄 진정성있는 친구나 스승을 곁에 둡니다. 같은 생각을 하는 뻔한 사람들이 아니라 자신의 가치, 신념, 생각을 흔들어 줄 사람들과 교류합니다. 방어벽을 내리고, 지적 자극을 받아 자기감옥을 탈출하고자 노력합니다. 그리고 이런 사람들은 해야 할 거룩한 이상과 비전, 숭고한 가치를 품습니다. 이상과 비전, 가치가 주는 간극이 자신을 분발시키기 때문입니다. 여기에 자기합리화라는 괴물이 자리 잡을 공간은 없습니다. 앞에서 언급한 것처럼 성숙한 지성이란 지적 능력이 아니라 자기모순을 인정하고 변화하길 택하는 능력입니다.

## 어떻게 사람들을 변화시키나?

자, 그럼 원래의 문제로 돌아와 볼까요? 어떤 리더들은 제게 말합니다. "제 경험에 의하면 다 큰 성인은 변화하지 않던데요." 당신은 어떻게 생각합니까? 정말 사람은 변하지 않는다고 믿고 계십니까? 혹 이런 결론을 내렸다면 거기에는 사람의 가능성에 대한 불신이 깔려있습니다. 더닝과 크루거의 연구처럼 그 믿음에는 우리의 무지가 가려져있습니다. 사람들은 변하지 않는 것이 아니라 단지 우리가 원하는 때에, 우리가 원하는 방식대로 변하지 않을 뿐입니다. 그들은 우리의 말을 몰라서가 아니라 우리 말을 수용하지 못하기 때문에 그럴 뿐입니다. 당신이 리더라면 기대에 부합하지 않는 구성원들에 대해 책임감을 느낄 수 있습니다. 그들이 좀 더 바람직한 행동을 해주어야 하고, 리더로서 이를 돕는 것은 응당 당신의 일이니까요. 하지만 조급함 때문에 이들을 의도적으로 바꾸려하거나 이들을 비난하려든다면 반드시 부작용을 일으킵니다. 그러니 먼저 그들이 왜 그런 상황에 처했는지, 그 이유를 먼저 이해하고 거기에 따라 현명한 대안을 가져야 합니다.

사람들이 스스로 변화시키지 못하는 데에는 몇 가지 이유가 있습니다. 이는 동시에 우리자신의 문제이기도 합니다. 첫째, 문제의 대부분이 외부에 있다고 믿기 때문입니다. 다른 사람들이, 제도와 시스템이, 윗사람이, 조직이 문제의 원인이라고 생각합니다. 그러면 변화의 대상은 자신이 아니라 바로 '그들'이 되지요. 이런 태도는 자신이 바로 '그들'의 일부라는 사실을 깨닫지 못하기 때문에 벌어진 일입니다. 어떤 패배감, 좌절감, 상처로 인해 자신이 피해자가 되었다고 생각하면 변화할 이유가 없어지지요. 자신이 피해자라면 자신은 문제 밖에 있는 것이니 자기위선, 거짓, 모순, 결함이 가려집니다.

또 하나, 이 같은 자기모순을 다 인정한다 해도 변화가 어려운 이유가 있습니다. 새로운 행동을 시작할 때 초래될 손실의 위험을 감당할 자신이 없기 때문입니다. 자기 능력에 대한 불신, 타인들의 비난, 출구가 보이지 않는 막막함이 변화를 가로막기 때문입니다. 이 말은 다시 말해 손실의 위험을 무릅쓸 만큼의 매력적인 행동의 동기가 없다는 뜻입니다. 현재를 벗어남으로써 발생하는 손실을 감수하면서까지 애써 이루어야 할 목표, 목적이 없다면, 어떤 수를 써서라도 현재의 안전지대에 찾아 그냥 머무르길 선택합니다.

스스로 변하지 않는 사람들을 옹호할 필요는 없지만, 그들이 변화할 수 없거나 변화를 싫어한다고 생각하는 것은 오류입니다. 나도 그렇듯 그들도 수많은 사연으로 인해 지금 당장 변화할 수 없는 처지에 있음을 연민해야 합니다. 대신 누구나 적절한 조건만 갖추어진다면 새로운 모험을 시작할 수 있음을 인정하는 것이 중요합니다. 그 조건은 대체로 다음 세 가지입니다.

» 자기기만과 위선을 들여다 볼 수 있는 기회가 주어질 때

» 보다 중요한 목적이 안내하는 행동의 동기가 있을 때

» 손실을 압도하는 이익과 안전감이 주어질 때

## 어떻게 도와야 하나?

어떤 분이 제게 말했습니다. 자기와 함께 일하는 구성원이 있는데 어떻게 어떤 방법으로 가르쳐야 하는지 고민이 많다고 했습니다. 여러 가지 시도를 했지만 성공하지 못했다는 것입니다. 거듭 말하지만 우리는 사람들을 변화시킬 수 없습니다. 그러니 당연 가르칠 수 없습니다. 아니, 가르치려 해서는 안됩니다. 우리에게는 그럴 권리가 없습니다. 우리는 단지 각자 자신의 삶을 고군분투하고 있을 뿐입니다. 우리는 서로의 생각을 나누고, 견주어 보고, 공감과 이해를 구할 수는 있어도, 누군가를 가르치거나 교정할 수는 없습니다. 변화시키려는 모든 행위는 명백한 폭력입니다.

언젠가 한 젊은 대학생에게 '드로잉'을 배운 적이 있었습니다. 어떻게 하면 그림을 잘 그리게 되는지 배울 것이라 기대했지만, 10주가 흘러도 그 학생은 그림을 어떻게 그리는지 가르쳐 주지 않았습니다. 답답한 마음에 왜 가르쳐주지 않느냐고 했더니 빙긋이 웃으며 말하더군요.

"그림은 그냥 각자 자기방식으로 자신을 표현하는 것이지 거기에 어떤 원칙, 기준 같은 것이 없어요. 그냥 꾸준히 그리는 게 중요해요. 그러다 보면 자기만의 고유한 스타일을 만날 거예요."

삶을 사는 일은 그림을 배우는 일과 같습니다. 우리는 각자의 방식

173

으로 자신의 그림을 그립니다. 그리고 충실히 그림을 그리다보면 누구나 스스로 자신의 한계를 만납니다. 그때 우리는 세상의 소리에 관심을 갖고 답을 찾아 나섭니다. 그때 우리는 그의 요청에 따라 그를 도울 수 있습니다. 가르치려는 의도가 실은 권력에 기댄 오만은 아닌지, 가르치려는 방법이 실은 프로테스크의 침대처럼 제 편의를 따른 것은 아닌지 물어야 합니다. 그래야 우리는 그들에게 가르치는 일을 포기하고 배우는 길을 열어줍니다.

자, 그럼 어떻게 배우는 길을 열어줄까요? 만약 좀처럼 변하지 않아 스스로 고통 받는 구성원이 있다면, 그럼에도 그가 스스로 노력하지 않는다면 다음과 같이 해볼 수 있습니다. 먼저 구성원이 변화하지 않는 것은 자기모순을 보지 못하기 때문입니다. 리더인 당신이 발견한, 엄밀히 말해 당신이 추정한 상대의 모순을 이제 그에게 알려줄 필요가 있습니다. 이때 훈계나 조언은 금물입니다. 당신의 눈에 비친 사실(facts)과 그로 인해 당신이 경험한 감정(emotion)을 솔직히 전달하는 것입니다. 그를 바꾸거나 통제하려는 의도가 없어야 합니다. 혹여라도 그런 마음이 든다면 이 행동을 멈추어야 합니다. 아무런 판단 없이 미지의 어떤 가능성도 담담히 맞이할 수 있을 때, 근원적 상태가 되었을 때, 대화를 시작해야 합니다. 적당한 장소, 시간을 선택하고 그에게 다음과 같이 말하는 것입니다.

"지난번 자료를 보다가 두 가지 빠진 점이 발견되었어요. 이런 일이 벌써 세 번째인데, 갑자기 제 마음이 너무 불안하네요. 혹시 내가 모르고 있는 다른 이유가 있는 것은 아닌가 해서요. 어떻게 생각하나요?"

표현이야 적절하지 않을 수 있지만 핵심은 내가 느끼고 있는 1)솔직한 감정을 판단 없이 드러내고, 이 감정에 대해 2)상대의 동의를 구하는 것입니다. 종종 감정을 표현하지 못하는 리더들이 있습니다. 익숙하지 않거나 부끄러워서가 아닙니다. 리더 스스로 자기내면에서 벌어지는 감정에 무심하기 때문입니다. 자기감정을 돌보지 않는 사람들은 감정을 표현하는 것이 아니라 감정을 분출합니다. 그러면 오히려 방어와 저항을 불러일으킵니다. 대신 상대의 행동을 보고 내 안에서 일어나는 감정의 요동을 읽으면 그 감정을 이해하고 표현할 수 있습니다. '슬프다', '걱정하고 있다', '부끄럽다', '창피하다', '서운하다.', '좌절감이 든다' 등등. 감정을 솔직히 표현할 수 있는 사람들은 자신을 공감하고 있는 사람들입니다. 그들은 자기노출을 통해 자신 안에 상대를 위한 자리를 마련합니다.

이때 상대의 동의를 구하는 것은 중요합니다. 현재의 상황은 내가 발견하고 느낀 것에 불과하기 때문입니다. 행동변화의 주체는 상대만이 아니라 나를 포함한 '우리'입니다. 혹 나의 관찰과 감정이 부적절한 것이라면 그의 이야기를 통해 나는 나의 오류를 수정할 수 있습니다. 이런 태도는 문제를 상대에게 전가시키는 것이 아니라 함께 해결할 의지가 있음을 드러내는 것입니다. 상대가 당신의 마음을 모르는 것처럼, 나도 상대의 생각과 감정을 모르기 때문에 우리는 상호 이해의 대상이고, 이 문제를 함께 해결하지 않으면 안 되는 공동의 문제해결자입니다.

하지만 상대가 당신의 관찰에 대해 동의하지 않을 수 있습니다. 상황과 조건을 탓하고 변명하거나 합리화할지 모릅니다. 하지만 이런 행동에 흥분할 필요가 없습니다. 그는 응당 자신의 입장에서 생각을 개진할 권리가 있고, 또 내게 근원적 귀인오류가 있다는 것을 생각하면, 그의 말이 나보다 더 진실일 수 있습니다. 그러나 만일 상대에게 오류가 있다면 직시할 수 있도록 도와야 하고, 나에게 오류가 있다면 이를 반성해야 합니다.

"시간도 부족하고 도와주는 사람도 없어서 그랬던 거군요. 그런데 제가 걱정하는 것은 이 자료의 목적과 방향이 애초 논의한 것과 달라서 입니다. 혹 제가 미처 충분히 정보를 드리지 못한 것은 아닌지 걱정되네요."

단박에 문제가 해결될 수는 없습니다. 나에게도 상대를 납득시킬 만한 진정성, 정보, 논리가 없다면 이를 기대해서는 안 됩니다. 언제든 대화를 멈추고 다음을 기약하는 것이 현명합니다. 그의 입장에서 고민하고 함께 생각할 수 없다면, 다시 자신을 검열하고 상대의 행동을 관찰하며 추가적인 정보를 얻어야 마땅합니다. 이 모두는 진심으로 그의 성장을 돕고자 하는 의도에서만 가능합니다.

상대가 일부라도 당신의 말에 동의하거나 도움을 구한다면 이제 함께 변화할 수 있는 단계에 올라 선 것입니다. 이때도 중요한 것은 상대가 아니라 '우리'라는 생각이 중요합니다. 변화의 주체는 상대는 물론나 자신도 포함되어 있습니다. 함께 문제의 원인에 대해 생각해보고,이 문제를 해결하기 위해 각자가 어떤 노력을 해야 하는지를 모색합니다.

"제가 그럼 무엇을 도와드리면 될까요?"

리더로서 당신이 할 수 있는 행동이 무엇인지 확인하고, 가능하다면 약속해 주어야합니다. 할 수 없다면 그 이유도 분명히 말해주어야 합니다. 그리고 이렇게 상호 약속했다고 해서 낙관해서는 안 됩니다. 이후에도 수많은 변수가 있다는 것을 감안하면 서로는 든든한 후원자가 되어 주어야 합니다. 함께 정보를 나누고, 결과를 추적하고, 새로운 대안을 찾아 나가는 일을 기획해야 합니다.

이렇게 서로 열심히 노력했음에도 아무런 결과가 없었다면 어떻게 할까요? 그런 경우에도 상대를 비난해서는 안 됩니다. 이것은 처음부터 그랬듯 그의 책임이 아니라 '우리'의 책임입니다. 그렇다고 리더로서 자신을 자책해서도 안 됩니다. 대신 결과를 평가하고 다시 배우는 일을 시작하면 됩니다. 왜 그래야 하냐고요? 당신은 그의 리더이기 때문이지요. 하지만 서로가 더 노력했음에도 더 이상의 결과를 얻을 수 없다는 판단이 들었다면, 서로는 중요한 교훈을 한 가지 얻은 셈입니다. 우리가 서로에게 적절한 파트너가 아님을 확인한 것이니 이제 그에게, 또 당신 자신에게 새로운 길을 열어주어야 합니다. 그것은 리더로서 당신과 그를 위한 윈윈(Win-Win)의 선택입니다. 종종 이 과정에서 감정적 상처를 입은 사람들이 있는데 이는 성숙한 태도가 아닙니다. 함께 일한다는 사실이 서로에게 고통을 주고 있다면 새로운 대안을 찾는 것은 지극히 당연한 수순입니다. 일의 방식이나 내용을 바꾸거나, 다른 팀, 조직으로의 이동을 고려합니다. 그게 아니면 서로에 대한 기대를 낮추고 합당하게 일하는 방법을 찾습니다.

결론적으로 사람을 어떻게 변화시킬 것인가의 문제는 상대를 교정하거나 나의 구미에 맞는 방식으로 상대를 통제하는 것을 의미하지 않습니다. 서로가 좋은 파트너로서 성장과 변화를 위한 모멘텀을 함께 찾는 과정입니다. 진정성을 바탕으로 서로에게 새로운 대안을 찾아주는 건설적인 문제해결 활동입니다. 여기에 자기오류로 빚어진 그릇된 감정을 개입시키고 자신과 상대를 괴롭히는 어리석음을 범하지 않아야 합니다.

## 덧글

많은 사람들, 특히 리더의 역할을 하는 사람들은 '타인을 도와야 한다'는 표현을 의식적 무의식적으로 자주 사용하는 경향이 있습니다. 그 역할에 대한 책임, 사명을 그렇게 느끼기 때문입니다. 저는 이런 의식을 나무랄 마음은 없지만 여기에는 그 선한 의도에도 불구하고 깊은 성찰이 빠져있다면, 돕는 행위가 자신과 세상을 위협하는 폭력이 될 수 있음을 경계해야 한다고 생각합니다.

이유는 이렇습니다. 먼저, 타인을 돕는 일이 동정이거나 시혜의식에서 비롯된 것이라면, 그것은 상대를 위한 것이 아니라 자기만족에 불과합니다. 또 타인을 돕는 일이 매우 선한 동기에서 비롯되었다할지라도 타인의 아픔과 상처에 대한 깊은 공감으로부터 비롯된 것이 아니라면, 그것은 문제를 해결하지 못합니다. 또 나의 필요에 따라 내가 원하는 사람들만을 선택적으로 돕고 있다면, 그것이야말로 위선, 과시입니다. 그러니 도우려 애쓰기보다 함께하려는 마음, 곁에 있으려는 마음을 가져볼 필요가 있습니다. 그러면 억지스러운 도움보다 그의 숨은 욕구를 읽고 무엇을 해야 하는지 알 수 있습니다.

# 03

## 어떻게 소통하나?
### 건널 수 없는 바다

    왜 우리는 항상 소통의 부족에 허덕이는 걸까요? 종종 조직의 리더들과 이야기하다보면 많은 문제를 '소통의 부족'이라 말하고, '소통해야 한다'고 결론을 내립니다. "그럼, 어떻게 소통해야 하나요?", "소통한다는 것은 무엇인가요?" 라고 물으면 그 답은 상식선을 넘어서지 않습니다. "자주 이야기해야 합니다.", "진솔하게 대화해야죠.", "우선 먼저 잘 들어야 합니다." 이 말이 그릇된 것은 아니지만, 그 진단과 대안은 무언가 깊은 고민이 빠져있는 듯한 느낌입니다. 이를 모르는 사람은 없을 것입니다. 맞습니다! 우리는 소통해야 하고 소통이 절실합니다. 생각보다 전략의 부재, 기발하고 혁신적인 아이디어의 빈곤이 조직을 괴롭히는 것은 아닙니다. 솔직한 감정을 드러내고, 또 상대의 말에 귀를 기울여야 합니다. 하지만 이런 말들이 쉬이 답이 되지 않는 것을 보면 더 생각해야 할 것들이 있습니다. 그래야 우리는 소통의 부족과 소통해야 한다는 이 뻔한 폐쇄회로를 벗어날 수 있습니다.

소통이 문제인 이유는 다음과 같은 것들 때문입니다.

» 자신만의 경험을 통해 고유한 방식으로 구축된 우리의 뇌는 결코 타인과 공유할
수 없는 별개의 고립된 섬으로 발달했습니다.

» 고립된 섬이라는 사실은 견딜 수 없는 분노이자 억울함입니다. 우리는 서로를
향해 이 분노와 억울함을 호소하지만 섬 밖으로 나올 수 있는 사람은 애초에 없
습니다.

» 섬과 섬을 잇는 유일한 다리로서의 공감과 이해란 본성에 반하는 일이므로 자신
을 넘어 타인에게로 가려는 모든 노력들은 대부분 불발로 끝납니다.

» 게다가 경쟁을 부추기고 연대를 가로막는 우리시대 해괴한 이념들은 이 일의 의
지조차 꺾어버리고 있습니다. "간섭마라", "너나 잘하세요."

인간이 정치적 동물이라고 말했던 아리스토텔레스나, 행복이 결국
은 사회적 관계에 좌우된다는 현대 심리학의 연구결과들은 이 고립무
원의 실존이 우리의 원초적 숙명임을 역설적으로 증명합니다. 그러므
로 소통의 문제를 해결하기 위한 가장 중요한 인식은 '우리는 절대 소
통할 수 없다.'라는 사실을 인정하는 것입니다. 안다고 생각하는 것들
은 아는 것이 아니라 내가 임의로 상대를 해석하고 판단하는 것들의
조합일 뿐입니다. 우리의 뇌는 철저히 외부 자극에 따라 정보를 선택
하고, 종일 자기를 정당화하는 방식으로 기억을 축적합니다. 게다가 우
리는 자신의 마음과 감정을 읽는데도 생각보다 무지하고 서툽니다. 제

생각과 감정도 제대로 헤아리지 못해서 불쑥불쑥 화를 내고, 종종 우울감에 허덕이며, 끝내 이기심을 버리지 못하는데, 어떻게 타인의 감정을 읽고 이해하며 공감할 수 있단 말인가요? 그러므로 '소통해야 한다', '공감해야 한다'는 강박에서 벗어나지 못하면, 애써 이해, 공감, 소통을 시도해도 그 결과는 참담할 뿐입니다.

그러니 내가 누군가를 이해하고 있거나 이해받을 수 있다고 생각하는 것은 애당초 완벽한 착각이고 오만입니다. 더불어 누군가를 재단하고 평가하는 일은 얼마나 위험천만한 폭력인가요? 여기엔 가족도 친구도 예외일 수 없습니다. 오해, 갈등, 누명, 분노 같은 것들은 삶을 사는 동안 피할 수 없는 형벌입니다. 그렇지 않다해도 내가 볼 수 없는 맹점이 가득하니 내 주장을 정당화하기 어렵습니다. 하물며 내가 가지고 있는 타인을 향한 시선과 평가는 말해 무엇 하겠습니까?

문득문득 찾아오는 외로움은 고독이 인간존재의 본래 설정값임을 알려주는 신호입니다. 애써 외로움을 벗으려 발버둥 치거나 자신을 설명하고 변명하는 일은, 가상하지만 그 목적을 달성할 수 없습니다. 삶은 오로지 혼자 치러야 하는 고독한 전쟁이고, 그 때문에 우리는 시종 누군가의 인정과 칭찬, 이해와 공감을 갈망합니다. 그러니 사는 일은 생각해보면 사랑과 인정의 투쟁이고, 오해와 누명의 억울함을 벗어나려는 사투라 할 수 있습니다. 불발로 끝날 수밖에 없는 시도의 결과는 항상 처참합니다. 이제 우리가 할 수 있는 일이란, 온 신경을 모아 '지금 여기'에 집중하는 것뿐입니다. 편견과 억측을 걷어내고 솔직담백함을 유지하는 것, 오해와 곡해, 비난과 냉소에도 불구하고 억울해하거나 분해하지 말며, 그냥 사태를 선선히 마주하는 것, 함께 할 수 있어 다른 무언가를 찾을 수 있다면 더 없는 행운이지만, 설령 그렇지 않다고 해도 상대를 비난하거나 실망하지 않는 것입니다. 그것이 불행한 존재가 가질 수 있는 최선의 선택입니다. 혹자는 이를 일컬어 '사랑'이라고 합니다. 하나가 될 수 없다는 절망이 이격의 거리에서 부르는 애절한 노래. 그것이 과도한 기대를 버리고 관계를 진실하게 만들려는 우리들의 자세입니다.

'이해와 공감의 불가능성'을 이해했다면, 이제 무엇을 해야 할까요? 소통의 유일한 가능성은 단 하나, 우리 내면과의 소통입니다. 자기내면과의 공감과 소통이 실패하면 타인을 공감할 수 없고, 소통은 실패합니다. 생각해 볼까요? 자기소통이 실패한 사람들은 자신의 슬픔, 기쁨, 상처, 고통 등에 대해 무심합니다. 왜 그런 감정을 느끼는지, 그것이 어떤 결과를 초래하는지 무감각합니다. 불쑥불쑥 화를 내고, 우울감에 젖어들면서도 왜 자신이 그런 감정에 휘둘리는지 알지 못합니다. 이런 사람들은 아무리 타인의 이야기를 경청하고 이해하고자 노력해도 역부족입니다. 흔히 말하는 '사이코패스'는 타인의 고통을 자기감정과 연결하는데 결함이 있는 사람들입니다. 자기 행동이 타인에게 고통을 주리라는 것을 상상할 수 있는 사람들과 달리, 사이코패스들은 이런 능력이 없습니다. 자기감정을 부정하고 무시하길 반복한 사람들이 어느 날 사이코패스처럼 타인의 불편을 헤아리지 못합니다. 거만하고 무례하게 행동합니다. 소통을 시작하려면 먼저 자기감수성을 높여야 합니다. 매 순간 자신 안에서 소용돌이치는 감정의 변화를 포착하고 여기에 귀를 기울여야 합니다. 자기감정에 대한 발견은 우리의 뇌에 하나의 기억을 만들고, 비로소 그 기억을 바탕으로 타인의 마음과 접속합니다. 작가 앤 모로 린드버그(Anne Morrow Lindbergh)는 이렇게 말했습니다. "어떤 사람이 자기 자신에게 이방인이라면 그는 다른 사람에게도 이방인이 될 수밖에 없다. 어떤 사람이 자기 자신에게 다가갈 수 없다면 그는 다른 사람에게도 다가갈 수 없다."고요.

누군가와 소통하고 싶다면 당신을 이해해달라고 하소연하거나 이해받지 못했다는 사실에 분노를 드러내기 전에, 그냥 먼저 그에게 다가가 당신이 고독하고 외롭다는 사실을 고백해야 합니다. '당신이 너무나 그리웠다'고, '당신과 함께 하고 싶다'고. 반대로 누군가가 당신과의 소통을 갈망한다면 당신의 고독만큼이나 그가 철저히 외로운 사람임을 받아들이고 그를 연민해야 합니다. 거기가 공감의 토대입니다. 혹 그럼에도 끝내 다가갈 수 없는 바다를 보았다면, 섬들이 열망하는 그 아슬한 외로움을 그냥 선선히 견뎌야 합니다. 슬퍼하고 원망할 일이 아닙니다.

자, 그럼 어떻게 소통을 시작할까요? 당신이 리더라면 구성원들과의 최고의 소통법은 다른 게 아니라 자기를 고백하는 일입니다. 무엇인가를 설명하거나 대안을 주려고하기보다 그저 자신의 생각, 감정을 담백히 드러내십시오. 그 뿐입니다. 그럼에도 이런 자기고백은 놀라운 마력이 있습니다. 자기고백은 다른 사람을 내 안에 초대하고, 그들 스스로 자신을 돌아보게 하는 거울효과가 있습니다. 배움과 성장을 만드는 대화는 충고나 훈계가 아닙니다. 충고나 훈계에는 번득이는 아이디어와 통찰이 있는지 모르지만 스스로를 비추는 거울이 없습니다. 약점을 감추고 이성적인 사람처럼 보이게 할 수 있지만 진정한 교감을 만드는 감정의 교류가 없습니다. 반면 자기고백은 '지금 여기'를 가장 빛나는 순간으로, 상대를 가장 특별한 사람으로 바꾸어 놓습니다.

피터 센게(Peter Senge)는 '참여적 개방성'과 '성찰적 개방성'이라는 말을 통해 진정한 대화에 대해 설명한 적이 있습니다.[74] 참여적 개방성은 '서로의 관점을 공유하면 문제가 해결될 거야'라는 믿음을 갖고 대화하는 것입니다. 하지만 이것만으로 진정한 대화가 되지 않습니다. 여기에는 자기 사고와 행동을 성찰하는 과정이 없습니다. 동기를 부여하고 변화를 만들어낼 수 있는 심층 정보가 위협이 되고 성가시다고 느끼면, 우리는 자기를 고백할 용기가 없습니다. 하지만 진정한 대화를 하려면 성찰적 개방성, 즉 자기고백이 있어야 합니다. 자기 내면을 반성하고 스스로를 살피는 대화입니다. 이는 자신의 사고에 포함된 편견과 한계는 물론, 그 사고와 행동이 야기하는 문제를 인식하고 겸허히 대화에 참여하는 것입니다. 무심코 가지고 있을지 모를 편견, 가정, 느낌을 드러내면서 이를 검증합니다. 그래서 이런 대화는 서로의 마음을 비추고 온전히 귀를 기울이게 합니다. 대화는 어느덧 예기치 못한 경이로운 세계로 끌려갑니다. 저의 경험에 의하면 이것은 지적으로 어려운 이야기를 전달할 때도 결코 다르지 않습니다. 훌륭한 대화는 효과적인 커뮤니케이션의 기법 또는 그 기교로 만들어지지 않습니다. 인간 본연의 욕망과 한계를 이해하고 겸허한 마음으로 상대와 마주할 때, 온 정신을 집중할 때 비로소 만나게 되는 삶의 경이입니다.

## 덧글

젠 피스메이커의 창립자인 버니 글래스먼((Bernie Glassman)은 마음의 평화를 얻기 위해 사용하는 세 가지 마음가짐을 지적한 바 있습니다. 저는 이 지침이 대화에 적용할 때 매우 중요하다는 것을 알게 되었습니다. 첫 번째는 '나는 알지 못한다(not-knowing)'라고 생각하는 것입니다. 나는 알지 못한다고 생각하면 교만을 막을 수 있습니다. 남을 가르치려는 모든 행위를 멈추게 됩니다. 상대를 향해 마음의 문을 엽니다. 고정관념, 선입견에서 벗어나 초심자의 마음으로 상대를 대하게 됩니다. 다음으로 '가만히 지켜보는 것(bearing witness)'입니다. 가만히 지켜본다는 것은 가치판단을 내리거나 기대를 하거나 집착하지 않는 것입니다. 눈앞에서 벌어지는 사실과 상황을 있는 그대로 바라보는 것입니다. 마지막으로 '긍휼감를 갖고 행동하는 것(compassionate action)'입니다. 자신과 상대가 안고 있는 문제와 그 문제로 생겨난 괴로움을 해결하기 위해 대안을 찾는 것입니다. 상대의 곁에서 상대와 함께 연민의 마음으로 문제에 맞서는 것입니다. 저는 사실 이 방법을 잘 실천하지는 못하지만 어려운 상대와 대화를 할 때, 내 스스로 내적갈등이 높을 때, 이 세 가지 지침을 가만히 음미합니다. 그러면 마음은 한결 가볍고, 상대의 말과 행동에 더 잘 집중할 수 있게 됩니다. 어떤 상황에서도 불필요한 불안과 두려움이 없이 건강한 대화를 하게 됩니다. 한번 적용해보시지 않겠습니까?

# 04

## 윗사람, 어떻게 설득하나?
### 리더십의 다른 이름, 팔로워십

"윗사람이 변하지 않는데 어떡하죠? "

리더들과 이야기하다 보면 가장 흔히 듣는 질문 중의 하나입니다. 리더들의 이 같은 원성이 어느 조직에서나 공통적으로 나타나는 것을 보면 문제의 원흉(?)은 좌우지간 '윗사람'인 게 분명합니다. 그들은 어딘가 심각한 장애가 있습니다. 무례하고, 자기권위를 앞세우고, 독선적이고, 편을 만들고, 일방적으로 행동합니다. 그런데 일단 문제를 윗사람에게 귀인시키는 우리들의 위선은 차치하고, 윗사람이 정말 문제라면이제 이 문제를 푸는 방법은 다음과 같이 단순화할 수 있습니다.

첫째, 떠나는 것입니다. 간단하지 않나요? 그만두고 떠나는 것입니다. 아주 쉽죠?

둘째, 들이받는 것입니다. 윗사람이 옳지 않다면, 그래서 회사를 변화시키고자 원한다면 들이받는 것쯤은 각오해야 하지 않겠습니까?

셋째, 이도 저도 아니면 체념하고 순응하는 것입니다. 원래 직장이라는 곳이 다 그렇지 않겠습니까? 적당히 포기하면 속편하지요. 그냥 하라는 대로 하면 되는 것입니다.

그러나 왠지 위 세 가지 해법이 탐탁지 않나요? 떠난다는 것은 문제를 회피하는 것이고, 들이받는 것은 문제를 악화시킬 수 있고, 체념하는 것은 문제를 존속시킵니다. 떠나지 않고, 들이받지 않고, 체념하지 않는 다른 방법은 무엇일까요? 정치적 생존이나 실리에 얽매이지 않고 가치에 따라 정직하게 이 문제를 푸는 방법은 없을까요? 만약 방법을 찾을 수만 있다면 우리는 유능한 팔로워입니다. 스스로를 임파워시켜 창조적인 리더로 거듭납니다. 자, 어떤 방법이 있을까요?

당신의 상사가 문제라는 생각이 든다면 이렇게 생각해봅시다. 첫째, 상사는 당신이 생각하는 것보다 무능하거나 못된 사람이 아닐 수 있습니다. 그렇지 않고서야 어떻게 그 자리에 있었겠습니까? 그는 분명 당신보다 탁월한 어떤 면을 갖고 있습니다. 그러니 그의 장점, 재능, 고충을 찾아보고 먼저 그의 입장에서 공감해 봅시다. 당신이 그렇듯 그도 훌륭한 사람이며 그럴 수밖에 없는 나름의 이유가 있습니다. 그는 아마도 당신의 격려, 지원, 칭찬, 관심을 기다리는 약한 존재일지 모릅니다.

(제가 리더의 역할에 있어보니 이것은 사실입니다.)

둘째, 그렇다고 그의 비위를 맞추지는 마십시오. 당신은 상사를 위해서가 아니라, 조직의 사명을 실현하기 위해 그와 함께 일하는 것입니다. 상사는 사명을 구현해가는 당신의 파트너입니다. 그러니 상사 자체가 아니라 상사와 함께 하고 있는 과업에 집중하십시오. 그 관점에서 당신의 견해, 입장을 정리하십시오. 그게 당연 당신의 역할입니다. 해결해야 하는 것은 그와의 논쟁이 아니라 원래의 문제입니다. 정약용 선생님의 〈목민심서〉에는 이렇게 권고했습니다.[75] '아첨 잘하는 사람은 불충하고, 간하기 좋아하는 사람은 배반하지 않는다.'

셋째, 그에게 당신의 뜻을 관철시키고자 한다면 그보다 더 큰 힘을 키워야 합니다. 당신은 원래 그보다 힘이 없습니다. 하지만 당신도 힘을 키울 수는 있습니다. 다름 아니라 하고 있는 그 일에 대해 상사 이상의 고민과 노력을 쏟아 붓는 것입니다. 정보를 모으고, 관점을 보태고, 새로운 통찰을 덧대어 치열하게 과제를 다루어야 합니다. 그러면 당신의 목소리는 더욱더 당당하고, 상사는 당신의 이야기에 귀를 기울이게 될 것입니다. 어쩌면 상사는 바로 당신의 이런 모습을 기대하고 있는 것인지 모릅니다. 이것도 제 경험에 의하면 거의 확실합니다.

넷째, 같은 맥락에서 당신은 굿 솔져(good soldier)여야 합니다. 당신은 조직의 가치, 이상, 규범, 목적에 따라 정직하고 일관되게 행동해야 합니다. 상사와 함께 상사의 입장에서 그 고민을 떠안고 대안을 내놓아야 합니다. 술책이 아니라 가치에 따라 정도를 걸어야 당신을 지켜보고 있는 사람들이 당신에게 힘을 보태고, 당신과 함께합니다. 혹 불량한 상사라 해도 더 이상 당신을 무시할 수 없습니다.

» 경청하고 공감하십시오.

» 솔직하고 정직하게 말하십시오.

» 사람이 아니라 사건에 집중하십시오.

» 이기려 하지 말고 새로운 대안을 모색하십시오.

» 합의한 것을 약속하고 이행하십시오.

» 결과를 확인하고 위 절차를 반복하십시오.

다섯째, 이도 저도 여의치 않다면 그에게 양보하고 순응하고 타협하십시오. 그것은 당신에게 원래 주어진 역할입니다. 그는 당신보다 그 사안에 대해 더 큰 책임과 의무를 갖고 있습니다. 그러니 그의 뜻을 따라야 마땅합니다. 대신 당신과 구성원 모두를 위해 중요하고 가치 있는 일이라면, 특히나 그가 부정하고 비윤리적인 결정과 행동을 하고 있다면, 원칙에 따라 정직하게 맞서야 합니다. 그게 모두를 위한 일입니다. 만일 상사의 부당함에도 불구하고 마냥 체념하고 침묵한다면 다음과 같은 불상사를 피할 수 없다는 것을 기억하십시오.

» 단기적 성과에 매입니다. 조직은 근시안적 안목에 사로잡히고, 보다 중요한 가치를 외면하면서 혁신을 위한 실험이 실종됩니다.

» 사람들과의 관계를 왜곡합니다. 소통과 공감, 토론의 문화가 사라집니다. 사람들은 자신의 이야기를 개방적으로 드러내지 못 합니다. 실수와 실패를 감추고 자신을 방어합니다.

» 상사에 대한 과도한 충성의 문화가 생깁니다. 비판과 문제제기가 사라집니다. 모순, 위선, 부도덕이 가려지고 덮어집니다.

» 리더십은 지시, 명령, 감시, 통제의 형태로 나타납니다. 리더는 통제력을 갖는 것이 자신의 리더십을 보존하는 것이라 생각합니다.

» 결국 자신이 미워하는 상사를 닮아갑니다. 다시 구성원들로부터 똑같은 원망의 대상이 됩니다.

여섯째, 그래도 달라지는 것이 없다면, 참고 인내하며 시간을 기다려야 합니다. 더 결정적 순간이 올 때까지 말이죠. 불행하지만 그것은 몇 년이 걸리는 일일지 모릅니다. 운 좋게 그가 먼저 조직을 떠날 수도 있습니다. 신념, 용기, 정직함은 기다림을 절대 고통으로 만들지 않습니다. 그리고 언젠가 당신이 상사의 자리에 섰다면 당신이 느낀 점을 잊지 말고, 함께 일하는 구성원을 동지로, 파트너로 대우하고 존중해야 합니다.

# 덧글

경영학자 로버트 켈리(Robert Kelly)는 오래 전에 팔로워들의 유형을 모형화한 바가 있습니다.[76] 그는 팔로워들의 유형을 다섯 가지로 나누는데, 다음과 같은 두 개의 질문을 사용했습니다. 하나는 당신은 독립적으로 사고합니까(독립적)? 아니면 상사를 의식하면서 사고합니까(의존적)? 다른 하나는 당신은 조직을 위해 새로운 긍정적 에너지를 만들어 내는 일에 적극적으로 참여합니까(적극적)? 아니면 수동적으로 참여합니까(수동적)? 이 두 질문을 갖고 2×2 메트릭스를 그려보면 다섯 가지 유형의 팔로워가 나타납니다.

먼저, 양떼(The sheep)형이 있습니다. 양들은 의존적이고 수동적으로 행동합니다. 상사가 시키고 요구하는 대로 행동하면서 '펑크만 나지 않으면 되지'라고 생각합니다. 다음은 예스 맨(The yes-people)들입니다. 이들은 상사에게 의존적이면서 적극적으로 행동합니다. 상사의 인정을 받을지는 모르지만 상사의 기대를 뛰어넘지는 못합니다. '나는 상사가 원하는 방식대로 최선을 다하고 있어.' 라고 생각합니다. 하지만 정작 리더가 새롭고 창의적인 대안을 요구할 때는 무능함을 드러냅니다. 세 번째는 소외된 사람들(The alienated)입니다. 이들은 독립적으로 생각하지만 행동은 소극적이고 때로 부정적입니다. 새로운 변화를 요구할 때 수많은 이유를 들어 이에 저항합니다. 특별한 대안은 없으면서 회의적이고 냉소적입니다. 똑똑하고 영리하지만 행동이 긍정적이지는 않습니다. 네 번째는 실용주의자들(The pragmatics)입니다. 담장에 앉아서 바람이 부는 움직이는 바람개비와 같습니다. 그들은 상황을 보아가면서 때로는 독립적으로 의존적으로, 또 때로는 소극적으로 적극적으로 행동합니다. 책임을 떠맡지 않으면서 현상을 유지하고 실리를 추구합니다. 높은 에너지를 보이다가 바람이 잦으면 다시 가라앉습니다. 기회주의적이죠.

마지막으로 스타 팔로워들(The star followers)이 있습니다. 이들은 적극적이고 긍정적인 에너지를 발산합니다. 그들은 무턱대로 리더의 지시를 따르는 것이 아니라 사명에 근거하여 독립적으로 판단합니다. 하지만 리더와 뜻이 같다면 충직한 팔로워의 역할을 합니다. 그러나 그렇지 않다면 리더와 조직을 위한 건설적인 대안을 제시합니다. 이런 사람들은 팔로워이지만 다른 사람들이 그에게서 리더십을 느낍니다.

당신은 스스로 어느 유형이라고 생각되나요? 제가 만난 많은 중간관리자들은 자신이 '예스맨' 또는 '실용주의자'가 될 수밖에 없음을 한탄했습니다. 과연 직장인의 실존양식은 무엇이어야 할까요? 실제로 중간관리자의 위치에 있거나, 팔로워의 입장에 있다면 수많은 제약 안에 처하게 됩니다. 그럼에도 도덕적 자부심, 용기를 가지고 효과적인 팔로워가 되기 위해 분투해야 하지 않겠습니까? 그것이 당신의 자존감을 지키는 일입니다.

# 제도, 시스템의 제약, 어떻게 극복하나?
### 안과 밖, 같은 공간

'시스템이 문제에요'

'제도가 뒷받침이 안 되어 그래요'

리더들과 이야기하다보면 종종 제도, 시스템이 문제의 핵심이라고 말합니다. 문제를 해결하려면 규칙, 제도, 시스템이 개선되어야 한다는 것이죠. 좀 더 나은 규칙, 제도, 시스템이 있다면 문제의 재발을 방지하고, 보다 효율적으로 대응할 수 있을 것이라는 기대입니다. 정말일까요? 정말 좋은 제도, 규칙, 매뉴얼, 법규 등이 있다면 문제가 사라질까요?

새로운 제도, 시스템은 어느 정도 개인적인 결함을 메울 수 있습니다. 하지만 제도와 시스템은 구축되는 순간부터 제도화(institutionalization)의 길을 걷습니다. 제도화란 단지 기술적 장치가 아니라, 가치와 규범으로 내재화되어 사람들의 생각과 행동을 지배하는 이데올로기가 된 것입니다. 그러면 우리는 시스템에 의존하고, 시스템 내의 기계적 행동에 매몰됩니다. 그러다가 시스템의 붕괴, 이른바 위기와 재난이 닥치면 그제서야 시스템의 모순을 자각합니다.

"시스템이 문제라니까요."

시스템은 이미 우리의 의식 안에, 우리의 행동 안에 내재해 있습니다. 그것은 나와 별도로 존재하는 외부세계가 아닙니다. 그러니까 '시스템이 문제에요'라는 말은 문제를 안과 밖으로 나누어 놓고, 자신은 문제의 원인이 아니라는 오류를 범하는 것입니다. 이런 인식은 몇 가지 문제를 낳게 됩니다. 먼저, 밖이 문제의 원인이라고 생각하는 것은 우리 뇌의 편의성 때문이지 사태의 진실이 아닐 수 있습니다. 우리는 복잡한 원인을 찾느라 과도한 에너지를 쏟기보다 손쉬운 원인을 찾아 서둘러 결론내리기를 선호합니다. 그러니 이런 진단은 문제의 전면을 종합적으로 판단하여 내린 결론이 아닐 수 있습니다. 다음으로, 문제를 외부화하면 문제의 책임에서 빗겨섭니다. 기득권을 유지할 수 있고 안전을 유지할 수 있습니다. 하지만 이렇게 하면 방관자가 되고 스스로 리더십을 잃습니다. 이런 리더를 신뢰하는 사람은 없습니다. 또, 원인이 밖에 있다고 가정하면 자신을 희생자로 규정합니다. 다른 사람들의 동정과 이해를 구하려는 마음이 반영된 것이지만, 사람들은 이런 사람을 도울 마음이 없습니다. 마지막으로, 문제를 외부화하기를 반복하면 무력감을 자초합니다. 무력감은 시간이 지나면서 체념과 냉소로 발달하고 스스로를 패배자로 만듭니다.

원인과 결과 사이에는 극소수를 제외하고 선형적 관계가 없습니다. 삶의 사건들은 비선형의 복잡성을 띄고 우리 앞에 나타납니다. 단일한 원인, 단일한 결과는 없습니다. 우리의 신체는 외부세계와 우리자신을 구분하는 듯 보이지만, 가만히 보면 우리 몸은 안과 밖이 서로 이어진 개방시스템입니다. 입으로 들어온 음식이 밖으로 나가기까지 우리 몸은 외부로 연결된 통로를 가지고 있습니다. 안(나)과 밖(환경)은 서로 연결되어 있고, 심지어 구분되지도 않습니다. 우리는 밖을 향하고, 밖은 우리를 바꿉니다. 밖은 안에 의한, 안은 밖에 의한 창조물입니다. 두려움으로 인한 방어기제가 작동하면 안과 밖이 분리되고 둘은 서로 대립합니다. 온갖 바깥 것들이 우리를 제약하고 공격합니다. 자기를 지키려는 전쟁이 일어납니다. 하지만 그럴수록 문제는 악화될 뿐입니다.

문제를 외부화하기 전에 가만히 사태를 바라보면 안과 밖은 다시 연결됩니다. 그러면 새로운 가능성을 발견할 수 있습니다. 현명한 리더들은 자신과 시스템을 분리하지 않습니다. 그러니 시스템에 매몰되지 않을 뿐 아니라 모든 문제를 시스템으로 해결하려는 망상이 없습니다. 그들은 제도와 시스템이 가진 모순 속에서 현명하게 대처하는 방법을 압니다. 그 이유는 두 가지 때문입니다. 첫째, 자신이 왜 무엇을 위해, 누구를 위해 일하는지 그 목적을 알고 있기 때문입니다. 목적은 시스템과 자신 행동의 정당성을 판단하는 기준입니다. 그들은 제도, 시스템이 목적과 정렬되어 있는지를 생각하고 시스템이 목적과 관계없이 고착화되어갈 때, 이를 교정할 뿐 아니라 이를 뛰어넘는 유연성을 발휘합니다. 위기가 닥치면 이들의 행동은 원칙적이면서 동시에 창조적이고 단호합니다. 둘째, 그들은 주변의 사람들을 연민하고 사랑하는 마음을 가졌습니다. 그래서 다양한 관점에서 문제를 바라보고, 사람들의 고충과 열망으로부터 보다 근원적인 대안을 찾아냅니다. 당연히 기존의 제도와 시스템이 가졌던 제한된 답을 초월합니다. 연민과 사랑의 마음이 새로운 시스템을 만듭니다.

그러므로 제도, 시스템, 또는 어떤 구조가 나를 제약한다는 느낌이 든다면, 그것들은 단지 내 바깥의 어떤 것을 의미하는 것이 아님을 이해해야 합니다. 시스템이라는 말 속에는 이미 내가 시스템의 일부분이며, 동시에 이를 변경할 수 있는 힘도 내 안에 있다는 뜻이 담겨있습니다. 오늘날 AI같은 지능형 기계의 등장 앞에서 우리는 더욱 초라한 존재가 되어간다는 느낌을 지울 수 없습니다. 장차 자동화와 고도의 기계 문명, 그리고 고도의 이데올로기들은 우리의 의식을 포섭할 가능성이 큽니다. 그래서 강박적으로 더욱 우리는 시스템에 매달릴 운명에 처했습니다. 하지만 그렇다고 우리의 생각과 행동을 이런 기계나 시스템에만 맡겨놓는다면 더욱 무력감을 피할 수 없게 될 것입니다.

심리학자 필립 짐바르도((Philip Zimbardo)는 한나 아렌트(Hannah Arendt)가 말하는 '악의 평범성'에 대비하여 '선의 평범성'을 말합니다. 대부분 사람들이 시스템에 복종하고 굴복하지만, 누군가는 이에 저항하며 변화를 만드는 소수가 존재합니다. 악을 저지르고 이에 동조하는 사람들이 정해져 있지 않은 것처럼, 부적절한 시스템에 맞서 양심적 행위를 하는 사람 역시 정해져 있지 않습니다. 리더십이란 무엇일까요? 모순에 찬 제도와 시스템의 동조자가 되어 주체적인 활동성을 상실하는 것과는 근본적으로 다른 일일 것입니다. 시스템을 만들고, 시스템을 바꿈으로써 스스로 시스템의 일부가 되어 문제를 해결하는 것입니다. 그것은 스스로를 임파워할 것을 전제합니다. 자기 안에 있을지 모를 무력감과 악에 대응하면서 보다 더 큰 선으로 이를 물리치는 것입니다. 정말로 제도와 시스템이 문제라면, 그래서 이것이 악의 근원이되고 있다면, 투덜대는 사람이 아니라 이 시스템을 바로잡는 사람이 되어야 하지 않겠습니까? 누군가 목적(사명)을 구현하려는 선한 동기로 먼저 나서, 이를 공론화하고 토론하며 합리적 대안을 찾아야 하지 않겠습니까?

최근 긍정심리학자들은 인간의 미덕을 여섯 가지로 설명합니다.[77] 지혜와 지식, 용기, 인간애, 정의, 절제, 초월성이 그것입니다. 이 중 용기, 정의, 초월은 영웅적 행위의 특징입니다. 용기란 불굴의 정신과 꿋꿋함에서, 정의란 이상을 위한 헌신에서, 그리고 초월이란 자신의 한계를 넘어서는 신념에서 나옵니다. 리더는 불의를 막고 모순을 없애며 조직을 구원하기 위해 존재할 뿐입니다. 그 이유는 시스템을 위해서가 아니라 사명을 위해 복무하기 때문입니다. 이를 피할 거라면 응당 리더의 자리에서 물러나야 마땅합니다.


## 덧글

리더십 연구에서 초창기에 있었던 일련의 연구들을 '위인이론(great man theory)' 또는 '특성이론(trait theory)이라고 부릅니다.[78] 이는 사람의 어떤 본질적 특성이 그를 리더로 만든다는 것입니다. 예를 들어 높은 자신감, 추진력, 지능 등을 가지고 있다면 조직에 막대한 영향을 미칠 수 있다는 것이지요. 하지만 이 이론은 과연 다양한 상황에서 일관되게 유효한 리더의 특성이 있는가라는 점에서 상당부분 비판을 받아왔습니다. 그래서 혹자는 이런 주장이 비과학적이며 낡은 것이라고 치부하기도 합니다. 뒤이어 나타난 리더십의 수많은 이론들은 이른바 '상황이론(contingency theory)'이라고 부릅니다. 한마디로 말하면 리더십은 '그때 그때 다르다'는 주장입니다.

저는 개인적으로 이런 상황이론들은 현실의 리더들이 리더십을 발현할 때 그다지 큰 통찰을 주지 못한다고 생각합니다. 그 이유는 이렇습니다. 첫째, 상황이론은 알고 보면 리더의 특성을 완벽히 규명할 수 없는 데서 출발한 변죽 이상이 아닙니다. 둘째, 상황이론들은 정교한 상황적 변수들이 갖고 있는 중요성을 설명해주지만, 현실의 실제 리더들은 이를 통해 거의 아무런 정보도 얻을 수 없습니다. 자신과 마주하고 있는 똑같은 상황이란 애초에 없으니까요. 셋째, 상황이론들은 리더십의 본질을 잘못 짚은 것이 태반이거나, 관찰 가능한 행동에만 집중하면서 그 본질 자체를 다루지 못하고 있습니다.

리더는 상황에 적합하기 때문이 아니라, 상황을 주도적으로 바꾸어가기 때문에 그 존재감이 있습니다. 삶이란 우리가 애초에 선택한 것이 아니듯 상황은 그 자체가 이미 디폴트입니다. 모든 성공한 리더들은 어떤 상황에서든 창조적으로 자신의 역할을 정의하고 변화를 만들어냈습니다. 카리스마적 리더십, 변혁적 리더십, 리더의 감성지능, 서번트 리더십, 그리고 특히 진성리더십에 관한 연구물들은 여전히 리더의 개인적 특성에 주목합니다. 이런 연구가 엘리트의식이나 선민의식을 정당화하는 도구로 이용된다면 비판받아 마땅하지만, 리더라는 존재의 영향력, 그리고 리더 스스로 부단히 자신을 고양시키지 않으면 안 되는 수양과 성숙을 적시한 것이라면, 저는 여전히 매우 유효한 연구라고 생각합니다. 변화란 평범함을 거부하고 시대와 역사에 대한 책무를 진 리더들에게 주어진 과제였습니다.

# 06

## 내 안의 두려움과 어떻게 싸우나?
### 경쟁몰입을 극복하기

기득권은 본능적입니다. 그래서 무엇보다 강력합니다. 노숙자도 그 날 잠자리를 정하면 거기가 그의 영토가 되고 기득권을 갖습니다. 제가 진행하는 세미나의 참가자들은 한 번 자리를 정하면 계속해서 그 자리에 앉습니다. 거기가 안식처이고 보금자리이기 때문입니다. 안식처는 그 자체가 기득권이므로 이를 잃고 싶어 하지 않습니다. 저는 매일 제 알량한 기득권을 사수하느라 루틴을 좀처럼 벗어나지 못합니다. 무의식적으로 그 시간, 그 자리를 찾아 동일한 커피를 마시고, 동일한 펜과 노트를 사용합니다.

직장인에게 있어 강력한 기득권은 무엇일까요? 혹 월급이 아닐까요? 출근하지 않을 수 없고 순종하지 않을 수 없으며, 스스로 몸값을 증명하지 않으면 안 되는 것, 시종 회사가 싫다고 투정대고 상사와 동료가 무례하다고 비난하면서도 다시 원점으로 돌아가게 하는 그것!

"직장 다 그런 거 아녜요"
"어쩔 수 없죠."

환멸과 부조리에도 불구하고 기득권을 벗어나지 못하는 이유는 우리가 주체적 판단을 할 수 없는, 두려움에 사로잡힌 노예이기 때문입니다. 니체는 일찍이 우리를 노예라 부르는데 서슴치 않았고, 구조주의자들은 예리한 통찰로 우리가 권력에 길들여져 있는 비주체적 존재임을 지적했습니다. 무비판, 용기의 부족, 합리화 같은 내면의 음모가 견고한 믿음으로 구축되면 우리는 자신도 모르게 예속을 열망합니다. 이때 변화란 얼마나 큰 도전이겠습니까? 회사는 하루가 다르게 변화와 혁신을 외치고 끊임없이 낡은 것을 바꾸라고 말하지만, 실제 변화란 구호로만 해결되는 문제가 아닙니다. 우리는 합리적이고 이성적인 것이 아니라, 매우 충동적이고 두려움에 휩싸여 있으며 기득권에 안주하는 동물입니다.

제가 만난 리더들 중에 끝내 자신의 문제를 해결하지 못하는 사람들이 있는데, 그들에게는 한 가지 공통점이 있습니다. 자기 자신을 정면으로 대면하지 않는다는 것입니다. 아니, 두려움이 그를 대면할 용기를 없애버렸습니다. 하지만 그 행위는 자신으로부터 도망치는 일입니다. 우리 안에는 사실 좋은 것만이 있는 것은 아닙니다. 불안, 두려움, 수치심을 느끼게 하는 것들, 걱정과 염려, 무능함, 소심함, 비겁함 등이 가득 차 있습니다. 결코 들키고 싶지 않은, 생각하고 싶지 않은 것들입니다. 그래서 우리는 시종 높은 성을 쌓고 다른 사람이 쳐들어 올 수 없는 해자를 만듭니다. 자신의 지위, 역할, 지식, 부 뒤에 숨습니다. 그때 참된 자신과 단절됩니다. 타인과의 관계가 절연됩니다. 온통 분열적이며 온전함을 잃습니다.

"무엇을 두려워하고 있는 거죠?"

높은 지위를 획득한 사람들은 이런 질문을 회피하려 합니다. 자신의 무능과 형편없음이 드러나는 위태로운 질문이기 때문입니다. 하지만 진짜 두려움은 타인의 평가가 아니라, 삶의 목적을 모른 채 살아가고 있는 동안, 자기 자신을 잃어버렸다는데 있습니다. 두려움은 우리의 본성이며 우리 자체입니다. 그것은 맞서 싸워야할 상대가 아니라 함께 살아가는 방법을 배워야할 상대입니다.

누구나 적당히 본모습을 숨기고 싶어 합니다. 하지만 문제를 맞닥뜨린 순간 자기내면을 들여다보지 않으면, 두려움은 우리를 더욱 옴짝달싹할 수 없는 공포로 몰아넣습니다. 두려움의 포로가 되고 맙니다. 자신을 들여다본다는 것은 두려움에 휩싸인 자신을 바라보는 것입니다. 오랫동안 은폐되고 침묵을 강요받았던, 스스로 내팽개친 자신을 해방시키는 것입니다. 두려움을 마주해야 자신을 방어하지 않고, 가능성의 세계로 나설 수 있습니다. 끝없는 배움과 성장의 대열에 참여할 수 있습니다. 그런 삶이 자기내부와 연결되고, 타인과 연대를 만들고, 세상과의 일체성을 만듭니다. 거기가 자유이고 평화입니다.

## 두려움 어떻게 넘어서나?

하버드 대학의 케건과 라혜히(Kegan & Lahey)교수는 〈사람들이 진짜 변화하지 못하는 이유(The real reason peoples won't change)〉라는 논문에서, 변화할 때 우리들 내면에 도사리고 있는 음모가 어떻게 우리의 변화를 가로막는지를 파헤쳤습니다.[79] 사람들은 변화를 열망하면서 정작 자신의 발목을 붙들고 있는 실체를 외면하기 때문에 변화에 성공하지 못합니다. 다음의 대화를 자세히 들여다볼까요?

A: 권한을 과감히 위임하고 싶어요.

B: 정말요?

A: 그럼요! 그래야 구성원들을 자율적으로 만들고, 저도 좀 중요한 일에 집중할 수 있지 않겠습니까?

B: 그런데 왜 못하시죠?

A: 그러게요. 막상 급한 일이 닥치면 결국 제가 결정을 하거나, 그냥 제가 그 일을 처리해버린다니까요. 허허허

B: 의지와 관계없이 그런 일을 하게 되는 것은 마음속에 두려움이 있기 때문입니다. 혹 무엇을 두려워하시는 거죠?

A: 아, 두렵다뇨? 두려워서 그런 게 아니고 바쁘고, 또. 좀 미덥지 못해서요. 구성원들이.

B: 아닙니다. 가만히 생각해보세요. 무언가를 걱정하고 있거나 두려워하고 있습니다. 무엇을 두려워하시는 거죠? 가만히 생각해 보세요

A: 어… 제가 권한을 주면 구성원들이 그 일을 제대로 잘 못할 것 같고… 또 제때에 완성하지도 못할 거고….

B: 권한을 위임한다면 일이 제 때, 제대로 진행되지 못할 것이라는 것을 염려하시는군요.

A: 네…. 그래요. 구성원들이 아직 준비가 안 되어 있어요, 실력도 좀 모라자고….

B: 실제 권한을 위임한다면 어떤 일이 벌어질까요? 생각해 보셨나요?

A: 그렇담 구성원들은 자료를 모으고 분석하느라 오랜 시간을 쓰게 될 겁니다. 그러면 타이밍도 놓치죠. 그러면 제가 다시 검토해야 하니 이중 삼중의 일이 되고…. 결국 그 책임을 제가 져야 하는데, 저는 나쁜 평가를 받을 겁니다.

B: 일이 망쳐졌을 때 나쁜 평가를 받고, 불이익이 생길 거라는 생각에 위임을 하는 것이 두려운 것이군요.

A: 네….

B: 혹시 더 두려워하는 것은 없나요?

A: 으음…. 솔직히 말하면 권한을 주어버리면…. 제 일이 없어지고 저는 무엇을 해야 할지 모르겠습니다. 통제력을 잃을지 모르고, 그러면 제 존재감이 사라질 것 같고, 직원들도 저를 무시하지는 않을까요?

B: 권한을 위임하면 리더로서의 권위를 잃을 것이라 생각하는군요. 그래서 당장 권한을 위임할 수 없다는 거구요.

A: 네에….

우리가 변화를 하지 못하는 것은 단지 의지의 부족이나 게으름 때문이 아닙니다. 스스로 자신의 목표에 자신이 내적으로 저항하고 있기 때문입니다. 이를 경쟁몰입(competing commitment)이라고 부릅니다. 그러니까 우리는 변화를 열망하는 것만큼이나 속에서는 변화에 저항하는 두 개의 힘이 서로 다투고 있습니다. 두려움과 걱정, 염려가 내면에 굳건한 하나의 가정으로 자리하고 있습니다. '권한을 위임하는 것은 바람직하지 않아. 그것은 나를 위태롭게 하는 거야.' 그러면 '권한을 위임해야 한다'는 바람은 결코 실행되지 못합니다.

무언가를 두려워한다는 것은 나쁜 것이 아닙니다. 그것은 매우 자연스런 반응입니다. 이를 부인하거나 억압하면 두려움은 더욱 기승을 부리며 우리의 발목을 잡습니다. 판단하지 않고 두려움과 걱정을 그대로 수용해야 합니다. '아, 내가 이런 것을 두려워하는구나', '이것을 걱정했구나'라고 인정하는 것입니다. 그래야 그 두려움이 나를 친구로 받아들이고 새 길을 내어줍니다.

> B: 두려움을 충분히 인정하고 받아들여야 합니다. 이것과 싸우지 않고, 이를 친구로 인정한다면, 작지만 손쉽게 시작해볼 수 있는 행동들이 있습니다. 해볼 만한 새로운 행동을 떠올려 볼까요? 어떤 것이 있나요?
>
> A: 우선, 직원들에게 제가 위임을 하고 싶은 마음이 있다는 것을 알려야겠습니다. 그리고 직원들의 생각을 듣겠습니다. 그러면 우선순위를 정해 위임해도 좋다고 생각되는 일들을 찾을 수 있지 않을까요? 그런 일들을 하나씩 위임해 보겠습니다.

이것은 조직변화의 과정에서도 똑같이 적용됩니다. 변화는 앞서 이야기한 것처럼 이성적이고 합리적인 영역이 아니라, 내면의 두려움과 맞서는 일입니다. 두려움은 싸워 승리하는 것이 아니라 이해하고 공감함으로써 자유로워지는 것입니다.

변화를 시작할 때 먼저 리더는 구성원들에게 일련의 질문을 통해 경쟁몰입과 그 몰입에 내재된 숨은 가정을 발견할 수 있도록 도와야 합니다.

"변화가 시작될 때, 우리가 두려워하는 것은 무엇인가요? 이 점을 같이 이야기 해봅시다."

두 번째는 경쟁몰입과 그에 내재된 가정이 어떤 일들을 초래하는지 자세히 들여다보고 공감합니다. 잘잘못을 가리는 것이 아니라 그런 가정이 초래하고 있는 현상들을 인정하고 보듬는 것입니다.
"그로 인해 우리가 암묵적으로 다짐하고 있는 것, 숨은 가정은 무엇일까요?"

다음으로 이런 경쟁몰입과 가정으로 초래된 낡은 행동들을 벗어나기 위해 무엇을 시도해볼 수 있는지 찾습니다. 이때 시도할 수 있는 작은 행동을 찾는 것이 중요합니다. 작은 행동이란 성공 가능한, 두려움을 극복하고 자신감을 줄 수 있는 행동을 말합니다. 서둘러 프로세스를 따라 추진하는 것이 아니라, 구성원의 심리적인 수용도를 반영해야 합니다. 사람들은 변화가 필요하다는 것을 알아도, 이를 자신의 것으로 수용하기까지는 보다 구체적인 증거를 확보하고 싶어 합니다. 이해가 부족하거나 동의하지 않는다면 더 많은 정보를 통해 변화의 당위성을 설명해야 하고, 실패의 불안이 있다면 상담을 통해 자신감을 부여해야 하며, 방법을 모른다면 예시를 들어주고 모범을 보여야합니다. 또 실행 과정에서 구체적인 결과물을 통해 이 변화의 과정을 신뢰하게 해야 합니다.

감성과 이성이 싸운다면 누가 이길까요? 단연 감성입니다. 우리는 그동안 변화의 문제를 지나치게 이성적으로, 기계적으로 접근한 경향이 있었습니다. 그래서 사람들의 감성은 내팽개쳐지고 변화는 고식적 절차 안에서 실종되어 버렸습니다. 변화하고자 한다면 마음의 심연으로 가서 근원이 되는 물음과 싸워야 합니다. '나는 누구이며 어디로 가려하는가?', '내가 두려워하는 것은 무엇인가?', '그로 인해 갖게 된 숨은 가정은 무엇인가?' 혼돈은 외부에서 온 것이 아니라 자신을 외면했거나 그 때문에 스스로 중심을 잃었기 때문에 온 것입니다. 편협한 생각과 자기방어적인 태도는 미래의 문을 닫습니다. 습관적인 판단을 중지하고 새로운 사실에 귀를 열어야 가능성, 잠재력이 발견됩니다.


## 덧글

'빙산모델'은 표면과 다르게 심연에 거대한 구조물이 있음을 알려줍니다. 겉은 전체의 10%불과합니다. 미래로 나아가려면 수면 밑의 90%에 해당하는 근원을 탐색해야 합니다. 이것은 자신과 조직을 변화시키는데 유용한 모델입니다. 10%의 법칙에 갇히면 변화는 불발합니다. 90%의 힘이 위력을 발휘하기 때문입니다. 임기응변의 플랜을 세우고 단기적 결과에 집착하여, 탑다운으로 변화를 전개하는 리더들은 이 심연의 잠재력을 무시하는 것입니다.

변화의 여정은 한마디로 낡은 자아와 새로운 자아 간에 벌이는 전쟁입니다. 이 전쟁에서 승리하려면 90%안에 숨어있는 잠복병과 맞서야 합니다. 의심, 냉소, 두려움이 그것입니다. '안 될 거야', '해봐야 소용없어', '그러다 안 되면..' 이런 의심들은 거부, 억압, 회피를 종용합니다. 그것은 상처받고 싶지 않은 내면의 아이(inner child)가 생떼를 부리는 것입니다. 이 아이를 외면한다면, 변화는 말짱 도루묵이 됩니다. 그러므로 변화의 여정에 성공하려면 심연으로 가야합니다. 단단한 외피를 뚫고 심연으로 가서 내면의 아이가 가진 두려움, 의심, 냉소를 공감하고 위로해야 합니다. 그래야 가장 중요하고 가장 잠재력이 큰 것에 집중할 수 있습니다.

다음으로는 미래를 위한 보다 중요한 질문을 던집니다. '나는 누구인가? 나는 왜 이 일을 하려하는가? 내가 궁극적으로 원하는 미래는 무엇인가? 나는 무엇을 남기고자 하는가?' 근원을 묻는 이런 질문은 소명과 목적을 호명합니다. 거기가 미래의 가능성이 열리는 지점입니다.

마지막으로 미래를 여행할 프로토타입을 개발하고 실험을 시작합니다. 역할을 창안하고 변화를 위한 프로젝트를 작동시킵니다. 주변의 피드백을 모으고 새로운 자원을 끌어옵니다. 그러면 만난 적이 없는 미지의 세계가 우리 앞에 펼쳐집니다. 그것은 불안만이 아니라 흥분과 열정도 동시에 가져다 줍니다.

물론 이 과정은 말처럼 쉬울 리 없습니다. 본능에 휘둘리는 과거의 자아는 생각보다 강력하니까요. 하지만 더 큰 재앙을 만나기 전에 선택할 수 있습니다. 어둠의 세계로 움츠러들 것인지, 아니면 미래를 향해 마음을 열 것인지. 승리를 원한다면 이 연습과 훈련은 불가피합니다.

# 07

## 어떻게 좋은 팀을 만들 수 있나?
### 공유된 멘탈모델과 자율통제

진심으로 적응적이고 혁신적인 팀을 만들고 싶다면, 거기에 걸맞은 리더십, 걸맞은 문화를 가지고 있어야 합니다. 문화가 만들어지는 것은 한 순간이 아닙니다. 사람들이 혁신적으로 문제를 해결할 수 있는 풍토와 역량이 축적되어야 하기 때문이지요. 그러려면 장기적 관점에서 더 큰 그림을 그리고, 그에 따라 구성원이 문화의 주체자가 되도록 해야 합니다. 스스로 목표를 세우고 그에 따라 행동하며 그 결과를 스스로 평가할 수 있는 기회가 제공되어야 합니다. 그것은 지시나 통제가 아니라 리더가 구성원을 전적으로 신뢰할 때만 가능합니다.

저는 현실의 많은 리더들이 X이론('사람들은 누군가가 시키지 않으면 게으르고 책임을 다하지 않는다')을 신봉하고 있다는 사실에 종종 놀랍니다. 이야기를 나누다보면 리더들 중 상당수는 여전히 자신이 중심에서 통제력을 유지하고 싶어 합니다. 왜 이런 통제력을 내려놓는 것을 두려워할까요? 그 이유는 첫째, 통제가 가장 빠르고 효율적인 결과를 만든다는 산업사회의 믿음에 갇혀 있기 때문입니다. 통제력을 행사하지 않는다면 사람들은 이기심에 기초해 기회주의적으로 행동할 것이고, 그 결과 무질서가 증가하면서 원하는 결과를 제대로 얻을 수 없다는 우려입니다. 그런 리더는 '강력한 손'이 있어 질서를 바로잡아야 한다는 홉스식의 사고방식을 갖고 있습니다. 더군다나 자신의 경험 속에서 이것이 반복적으로 입증되어왔다면, 전통적인 리더들의 입장에서 통제력을 포기하는 일은 당혹감 그 자체입니다.

또 하나 심리적인 이유가 있습니다. 통제력을 발휘할 수 없다는 것은 곧 자기권위와 존재감을 잃어버릴지 모른다는 염려입니다. 자신이 중심적 역할을 하지 못함으로 인해 더 이상 영향력을 행사하지 못한다면, 그것이 주는 낭패감 또는 그런 자신에 대한 주변의 평가를 두려워하기 때문입니다. 그것은 무능이자 도태의 증거입니다.

또 "통제력을 내려놓고 나면 저는 무슨 일을 해야 하나요?"라고 묻는 리더가 있었습니다. 그런 리더는 자기역할이 감시와 통제였는데 이를 그만 둔다면 이제 리더로서 어떤 역할을 해야 하는지 알 수 없기 때문입니다. 이들은 남들이 시킨 일에는 익숙했지만, 스스로 미지의 상황 속에서 어떤 역할을 창안해본 경험이 없습니다. 당연 통제력을 내려놓는 일을 주저합니다.

케빈 켈리(Kevin Kelly)는 〈통제불능〉이라는 책에서 만일 신의 역할을 하고 싶다면 두 가지를 하라고 말합니다. 1)통제하지 말 것과 2)숨기지 말 것입니다.[80] 자유의 허용과 투명성은 설령 무질서를 유발할 가능성이 높다 해도 결국에는 자유로운 소통을 촉진함으로써 자율조정을 촉진합니다. 실제로 모든 자연의 생태계는 통제 없이도 실수와 혼돈의 뒤범벅을 언제나 다시 새로운 혁신과 안정성으로 돌려놓았습니다. 2020년 코로나 19의 광풍이 전 세계에 몰아쳤지만 한국정부는 놀라운 대처 능력을 보여주었습니다. 이것 역시 두 가지 즉 1)통제하지 말 것과 2)숨기지 말 것을 실천함으로써 국민들의 자율성과 규율감을 유도했습니다. 이 두 가지 사실은 우리가 어떻게 팀을 만들고 조직을 만들어야 하는지에 대한 중요한 통찰을 제공합니다.

## 좋은 팀은 어떤 모습을 하고 있나?

좋은 팀을 만드는 것은 리더의 핵심 업무입니다. 하지만 그래서 그런지 다수의 사람들과 함께 협력을 통해 원하는 결과를 만드는 일은 그 중요성만큼이나 높은 스트레스를 유발합니다. 팀으로 함께 일한다는 사실은 1:1의 관계를 유지하는 것과는 다른 차원의 문제이기 때문입니다.

'팀(team)'은 특정 목적을 달성하기 위해 서로 상호 작용하는 둘 이상의 사람들이 모인 집단입니다. 이 정의에 따르면 1)함께 일하는 이유

즉, 목적(사명)이 있고, 2)이 목적에 깊이 몰입한 사람들이 있으며, 3) 사람들은 이를 실현하기 위해 서로의 지식, 기술, 노력을 합치고 있다는 것입니다. 그래서 4)협력적으로 일함으로써 개인으로는 낼 수 없는 결과, 즉 시너지(2+2=5)를 낳습니다. 이 정의해 입각해 볼 때 당신은 지금 팀으로 일하고 있나요? 혹은 팀의 모습을 하고 있을 뿐 그렇지 않은 것은 아닌가요? 몇몇의 스타 또 특별한 리더에 의해 팀이 작동하고 있다면, 팀을 빙자할 뿐 전통적인 통제방식에서 벗나 있지 않은 것입니다.

뉴욕 줄리어드 음대 출신의 첼리스트 줄리언 파이퍼(Julian Fifer)가 1972년 창단한 '오르페우스 챔버 오케스트라(Orpheus Chamber Orchestra)'는 세계 유일의 지휘자 없는 오케스트라입니다.[81] 지휘자가 없다고 해서 그들의 연주가 엉터리라고 생각한다면 오산입니다. 오르페우스는 지휘자 대신 공연마다 새로운 악장을 투표로 선출하고, 악장은 의견 충돌과 토론을 중재하고 해결책을 제시합니다. 한 명이라도 템포나 해석에 대해 다른 의견이 있다면 연습은 중단됩니다. 경우에 따라서는 곡마다 악장이 바뀌는 일도 있습니다. 리더가 없는데도 불구하고 모든 단원이 마치 하나의 심장으로 숨을 쉬듯 훌륭한 앙상블을 만들어 냅니다. 이것이 어떻게 가능할까요?

전통적인 리더들은 위계와 규율에 따라 구성원을 효율적으로 통제할 때, 팀이 최고의 성과를 낳을 수 있다고 믿고 있습니다. 이런 리더들은 나름대로 높은 성공을 거두었지만 지금 두 가지 면에서 한계에 봉착했습니다. 하나는 이런 리더십에 대해 구성원들은 더 이상 감동이 없다는 것입니다. 자신들이 주인으로 참여할 수 없는 과업에서 잠재된 재능과 열정을 끌어낼 리가 없기 때문입니다. 다른 하나는 복잡한 환경의 요구에 반하기 때문입니다. 환경의 변화에 부응하려면 다양하고 새로운 관점과 가치가 충돌하는 가운데 혁신적인 실험이 반복되어야 하지만, 전통적인 리더십은 이를 조장할 수 있는 여지를 제공하지 않습니다. 한마디로 전통적인 리더십은 통제를 앞세우면서 사람들의 목적의식과 내재적 동기를 외면한 것입니다.

사람을 목적으로 여기는 철학과 가치, 새로운 변화와 시대적 요구를 감안한다면, 팀 리더의 행동에는 이전과 다른 과감하고 근본적인 변화가 요구됩니다. 그것은 한마디로 '불간섭'입니다. 이 말에 오해가 있어서는 안 됩니다. 이것은 포기 혹은 무심함이 아닙니다. 이 말을 그런 뜻으로 이용하려 한다면 퇴행적인 기만행위입니다. 불간섭은 사람을 자신의 뜻에 맞추겠다는 뿌리 깊은 욕망을 내려놓는 것입니다. 동시에 통제할 수 없는 것들을 겸허히 수용하겠다는 약속입니다. 통제로 인해 불거진 과욕, 그 때문에 갖게 된 사람들에 대한 편견을 내려놓는 것입니다. 불간섭은 그래서 보다 사려 깊은 리더의 행동입니다. 앞서 언급했지만 도덕적 몰입을 보일 수 있는 팀 멤버들은 리더의 존재감이 느껴지지 않을 만큼 높은 규율과 책임을 갖습니다. 그들은 그 때문에 스스로 복잡성을 헤쳐 나갑니다. 거기에 리더의 역할이 큰 비중을 차지하는 것은 아닙니다.

이것이 어떤 것인지 좀 더 생각해 보겠습니다. 미국의 퇴역장군 스탠리 맥크리스털(Stanley McChrystal)은 고도의 훈련을 받았을 뿐 아니라 최신의 무기로 무장된 미군의 정예부대가 거의 오합지졸에 가까운 이라크의 알 카에다에 고전한 이유를 다음과 같이 지적합니다.[82]

> "알 카에다는 효율성에 관심이 없었다. 그들은 시행착오를 통해, 군대구조를 효율적이지는 않지만 적응력 있는 구조로 발전시켰다. 우리의 지휘체계와 달리 스스로 수축했다가 확산하여 필요한 모양으로 새어나오는 네트워크로 진화했다."

이 말은 팀이 어떤 형태를 갖추어야 하는지에 대한 단서를 제공합니다. 주체적인 개인들이 환경의 복잡성을 헤쳐 나가려면, 강하고 뛰어난 적응력을 보여야 합니다. 그런 팀은 리더중심의 통제조직이 아니라 구성원들의 개성과 재능이 자유롭게 만개되는 자율조직이어야 합니다. 이를 위해서는 보다 과감하고 획기적인 조처가 필요합니다. 저는 개인적으로 이런 변화를 향한 과감한 결단을 통해 우리만의 고유한 조직문화를 실험해야 한다고 주장합니다. 여기에는 두 가지 핵심적인 행동이 있습니다. 첫째는 멘탈모델의 공유(shared mental model)이고, 다른 하나는 전면적인 자율통제(disciplined control)입니다. 멘탈모델의 공유는 자율통제를 가능하게 하고, 자율통제는 멘탈모델의 공유를 전제한다는 점에서 이 두 가지는 한 쌍을 이룹니다.

## 자율적이고 혁신적인 팀, 어떻게 만드나?

멘탈모델의 공유란 팀의 존재이유(공동의 목적, 비전, 핵심가치)를 구성원의 존재이유와 합치시키는 일입니다. 이것은 2부에서 언급한 '내 맘 같게 하기'와 동일합니다. 멘탈모델의 공유는 팀의 맥락을 조성하고, 이 과정에서 사람들을 신념적 수준에서 일체성을 이루게 합니다. 신념적 수준에서 일체성을 이룬다는 것은 인식수준에서의 이해나 동의가 아니라 삶의 일부로 수용하고 내재화하는 것입니다. 따라서 존재이유에 대한 일체성은 팀 구성원들로 하여금 일하는 이유에 대한 강력한 믿음을 제공하면서 동시에 행동의 자율성을 부여합니다. 목적에 깊이 전념하는 팀은 자율통제를 실현합니다. 효과적인 스포츠팀을 상상해 보십시오. 반드시 스포츠 정신에 따라 정당하게 승리하겠다는 목적을 가졌다면 이에 입각해 능동적이고 창의적으로 협력해 갈 것입니다. 그들의 멘탈모델이 감독의 역할을 대신하고 있기 때문입니다.

멘탈모델의 공유를 통해 동일한 대본을 갖게 된 구성원들은 서로가 도움을 주고받을 수 있다는 확실한 믿음을 줍니다. 동시에 각자의 지식, 기술, 역량을 언제 어디서든 다양한 방식으로 공유합니다. 또 멘탈모델은 생각과 행동의 바운더리가 되어 무엇을 언제 해야 하고, 무엇을 하지 않아야 하는지, 또 무엇이 더 중요하고 그렇지 않은지를 판단하는 규율을 제공합니다. 어떤 상황에서도 유연하게 문제를 돌파할 수 있도록 정보를 공유하고 강력한 힘을 부여합니다. 그러므로 리더는 멘탈모델의 공유를 통해 통제하지 않음을, 즉 불간섭을 실현할 수 있습니다. 덧붙여 투명한 정보 공개는 구성원들이 스스로 정보를 해석하고 통합할 수 있는 권한을 줌으로써 자발적 동기를 이끌어 냅니다. 조직 내 세대 간의 갈등, 다양한 견해의 충돌, 서로 다른 목표로 인한 혼란 역시 이 멘탈모델의 부재와 불투명한 정보공개에 그 원인이 있음을 주목해야 합니다.

구성원들은 문제로부터 가장 가까이 있을 뿐 아니라 리더 이상으로 문제를 숙고하고 있습니다. 단호하면서도 신속한 결정을 내릴 수 있는 힘을 부여하는 것이야말로 강력한 팀과 조직을 만드는 비법입니다. 이를 위해 리더는 어떻게 해야 할까요? 한마디로 성숙한 구성원이 될 수 있도록 성숙한 환경을 조성하는 것입니다. 이는 마치 과수원을 운영하는 농부와 같습니다. 농부는 과일나무가 잘 자랄 수 있는 환경을 조성합니다. 계절의 변화를 읽고 미리미리 해야 할 일을 찾아 토양을 정비하고, 잡초를 뽑으며, 제 때 비료와 물을 주면서 가꾸고 보살피는 일을 게을리 하지 않습니다. 농부는 나무가 스스로 잘 자랄 수 있는 환경을 관리하지 나무를 억지로 키우지 않습니다. 전통적인 리더들은 마치 장기나 바둑을 두듯 모든 것을 통제했습니다. 사람을 배치하고, 일을 할당하고, 일의 방법과 절차를 가르치고, 그 결과를 평가하며 상과 벌을 주었습니다. 이런 행동은 자연을 역행해 속성으로 과일을 재배하는 것처럼 억지스러운 일입니다. 구성원들을 수동적으로 만들고 점차 토양을 척박하게 만들 뿐입니다.

효과적인 리더는 멘탈모델을 공유하고, 이것이 구성원들의 정신 안에 쉼 없이 흐르게 하여, 스스로 강력한 실행력을 갖게 만듭니다. 멘탈모델의 공유와 자율통제는 분명 하나의 도전임에 틀림없지만, 반드시 구현하지 않으면 안 되는 오늘날 리더의 과제입니다. 이를 가능하게 하는 강력한 도구는 리더 자신입니다. 진솔한 리더의 고백, 다른 사람들의 의견에 대한 주의 깊은 경청, 긍정적인 언행에 대한 감사의 표현, 사려 깊은 질문, 그리고 무엇보다 구성원을 향한 리더의 신뢰가 있어야합니다. 혹 구성원이 미덥지 못하다면 통제하려 할 게 아니라 실수와 실패로부터 복원력을 가질 수 있도록 용기를 주어야 합니다. 그래야 구성원이 성숙해지고, 구성원이 성숙해야 성숙한 조직이 만들어집니다. 인공지능의 출현으로 직장의 환경이 급격하게 변화한다할지라도 이런 리더의 행동에는 변함이 없습니다. 기계가 목적의식, 사명감, 의지, 용기, 그리고 사랑의 마음을 대신할 수는 없기 때문입니다.

## 덧글

하버드 대학의 리처드 해크만(Richard Hackman)과 그의 동료들은 효과적인 팀 (조직)에 대한 규범적 모형을 제시한 바 있습니다.[83] 이 모형을 통해 당신이 속한 현재의 팀을 진단해 볼 수 있습니다. 먼저 효과적인 팀은 높은 생산성(productive output)을 보입니다. 생산성이 높은 팀은 이해관계자(구성원, 고객 등)의 요구 기준을 뛰어넘습니다. 다음으로 구성원들 간의 긍정적인 상호작용(positive social process)이 일어납니다. 그래서 장차 과업을 함께 수행할 의지를 강화합니다. 세 번째로 구성원들은 높은 심리적 만족감(satisfying member's need)을 경험합니다.

팀이 이 같은 효과성을 낳기 위해서는 이를 가능하게 하는 세 가지 프로세스가 있습니다. 첫 번째는 구성원들의 에너지 수준(level of effort)이 높아야 합니다. 구성원들의 에너지는 구체적이고 도전적인 목표가 부여되고, 성과에 대한 보상과 인정이 뒷받침되어야 합니다. 또한 함께 하는 과정에서 사회적 태만과 같은 손실이 없어야 합니다. 두 번째, 구성원들은 충분한 지식과 기술(knowledge and skill)을 가지고 있어야 합니다. 과업에 대한 높은 전문성은 물론 대인관계상의 문제를 효과적으로 해결할 수 있는 스킬을 보유하고 있으며, 충분히 이득을 얻을 수 있을 만큼의 인적 다양성이 확보되어야 합니다. 세 번째는 성과를 낳은 효과적인 전략(strategies)을 발휘해야 합니다. 혼란 없이 전략을 수립하고, 시행할 수 있는 규범이 있고, 과업 수행과 관련한 정보가 효과적으로 제공되어야 합니다.

노력의 수준, 지식과 기술 그리고 전략의 세 가지 프로세스는 다시 세 가지 변수에 의해 영향을 받습니다. 이 중 첫 번째 변수가 팀 설계(team design)요인으로 과업 구조, 팀 구성, 팀 규범이며, 두 번째 변수는 조직 맥락(organizational context)요인으로 조직이 제공하는 적절한 보상, 교육 기회, 정보 및 물적 자원이 여기에 해당합니다. 세 번째 변수는 그룹 시너지(synergy)로서 과업 수행 과정에서 구성원들 간의 상호 작용으로 나타나는 시너지입니다.

효과적인 팀에서 빼놓을 수 없는 중요한 역할을 수행하는 것은 리더이며, 리더의 리더십은 자원을 효과적으로 활용하고 조정하는 일을 돕습니다. 리더의 코칭은 팀 프로세스의 각각에서 발생하는 손실을 줄일 수 있고 구성원의 동기 수준(motivational coaching)에 영향을 미치며, 팀의 성과 전략을 개선하고(consultative coaching), 지식과 기술을 높이는 데 기여할 수 있습니다 (educational coaching).

다음의 질문에 따라 현재의 팀을 진단하고, 대안을 찾아볼까요?

» 팀의 목적, 비전, 가치는 명료하게 밝혀져 있는가?

» 팀의 목적, 비전, 가치는 구성원들을 강력히 동기부여하는가?

» 구성원들은 일에 대해 의욕적이고 열정적인가?

» 팀은 각자 과업 수행에 필요한 적절한 지식, 스킬을 보유하고 있는가?

» 구성원들은 충분한 자율적 권한을 발휘하는가?

» 구성원들은 개인의 이익보다는 전체의 이익을 생각하고 행동하는가?

» 구성원들은 서로를 개성과 능력을 존중하고 상호 협력하는가?

» 팀은 중요한 사안에 대해 구성원들의 의견을 수렴하여 결정하는가?

» 리더는 구성원들에게 개인적 관심을 보이고 지도, 육성하는가?

» 구성원들은 팀에서 많은 의미 있는 경험과 지식을 축적해왔는가?

» 구성원들은 팀에서 일하고 있는 것을 만족해하는가?

» 팀은 그동안 내외부의 고객들을 효과적으로 만족시켜왔는가?

- '성과'의 진정한 의미를 무엇이라고 생각하는가? 이것이 구성원들에게 순기능으로 적용되려면 어떻게 해석해야 하는가?

- 평가를 평가자체가 아니라 개발과 성장의 도구로 활용하기 위해 해볼 수 있는 구체적인 방안들은 무엇인가?

- 당신의 애인, 배우자, 자녀를 혹 당신의 뜻대로 바꾸고자 하는 마음은 없는가? 이것은 성공가능한가? 무엇을 어떻게 해야 한다고 생각하는가?

- 사람들은 자기선택을 통해 스스로를 변화시켜간다면, 이들을 돕기 위해 리더로서 당신이 해야 하는 일은 무엇인가?

- 당신에게 상사의 의미는 무엇인가?

- 상사의 의견과 구성원들의 의견이 다를 때, 중간에서 당신은 이를 어떻게 해결할 수 있는가? 이 과정에서 예상되는 문제는 무엇이고, 그 방안은 무엇인가?

- 문제가 외부의 요인에서 비롯된 것이라면 무력감을 경험하기 쉽다. 통제할 수 없는 외부 요인들에 대응하기 위한 바람직한 전략, 행동은 무엇인가?

- 부당하고, 부조리한 시스템을 목격했으나 당신에게 동조하는 사람이 없다면, 비난과 조롱이 예상된다면, 무엇을 어떻게 해야 하는가?

- '삶은 두려움과의 전쟁이다.' 동의하는가? 혹은 그렇지 않은가? 각각의 입장을 설명해보자.

- 당신이 경험했던 경쟁몰입 상태의 예를 들어보자. 또는 현재 하고자 하나 변화하지 못하고 있는 행동을 통해 이를 분석해보자. 어떻게 이를 벗어날 수 있는가?

# 리더십,
# 문을 열다

대한민국 리더들이 묻다

# 05

성장한다는 것은
사적세계에서 공적세계로,
일상의 감옥에서 미지의 대륙으로,
미숙에서 성숙으로 나아가길 선택하는 일이다.

# 리더의 성장

개발과 도약

# 01

# 리더십 개발의 목표는 무엇인가?
## 마음의 변혁

이 질문에 답하려면 먼저 알아야 할 것이 있습니다. 우리사회에서 리더십을 개발하고자 하는 많은 훈련들에는 '왜 리더십 개발을 해야 하는가?'에 대한 진지한 물음이 빠져 있습니다. 목적(사명)과 핵심가치로부터 그 이유와 정당성이 있어야 하지만, 이것이 빠진 리더십 개발은 눈앞의 성과를 쫓는 조작과 통제의 기술에 집중합니다. 위험을 감수하고 실패 속에서도 다시 도전하며, 과감한 혁신을 조장하는 학습이 사라집니다.

## 리더십을 개발하는 좋은 방법은 없나?

그러므로 이와 같은 물음은 설령 의도가 없었다하더라도 인간의 성장과 개발에 대한 진지한 관심이 결여된 말입니다. 유감이지만 그런 '좋은 방법'은 없습니다. 리더십 개발은 목적(사명)으로부터 성장의 간극을 만들고, 이것을 메우기 위한 자기주도적인 학습활동입니다. 획기적이고 좋은 방법에 대한 환상은 리더십 개발의 정당한 방법들에 대한 오해를 키울 수 있습니다. 리더십개발이 주도적인 학습활동이라면 먼저 리더로서의 목적(사명)이 명료해야 합니다. 목적은 학습의 내재적 동기를 만들며, 학습의 목표와 방향, 전략, 그리고 학습과정에서의 주체성을 제공합니다. 목적(사명)이 없다면 개인도 회사도 리더십 개발을 통해 얻을 수 있는 것은 없습니다. 사람들을 억지로 동기부여시켜야 하고, 학습의 전체과정을 통제하는데 에너지를 쏟아야 합니다.

우리사회가 그동안 리더십개발을 위해 사용한 방법들은 한마디로 행동주의적 접근이었습니다. 목적(사명)이 없어지면 당장의 실효를 거둘 것이라고 짐작되는 방법을 택합니다. 행동주의적 접근은 바람직한 리더의 행동이 있고, 이를 따라 배우면 된다는 믿음을 전제합니다. 그러니 온갖 처방과 규칙들이 난무합니다. 이때 성공한 리더들은 언제나 핫(hot)한 표준입니다. 때마다 등장하는 '아무아무개 리더십'을 알고 계시나요? 유행처럼 성공한 인사들이 마치 최고의 답인 양 그들의 행동에 주목하며 호들갑을 떱니다. 또 회사마다 리더십 역량(leadership competency)을 정의하고, 이 역량을 360도 측정한 뒤, 리더들에게 이 표준과의 간극을 좁히도록 처방합니다. 이것 자체가 문제는 아니지만 회사가 정의한 리더십 역량이라는 것도 실은 그다지 명백한 근거가 없을 뿐더러 성공한 회사들의 역량을 여기저기 조합한 것에 지나지 않습니다. 그러니까 이런 접근 안에 깔린 믿음은 리더십을 안정되고 고정된 그 무엇이라고 가정하고 있다는 것입니다.

리더십은 근본적으로 복잡성을 띠고 있습니다. 예측불가의 환경과 과업, 다양한 사람들이 만들어가는 역동성, 그리고 우리의 인식적 한계를 감안한다면, 행동주의적 접근은 그 유용성을 인정한다 해도 여전히 시대착오적입니다. 다수의 기업들이 행동주의적 접근방식에서 크게 벗어나지 못하는 이유는, 리더십의 복잡성에 대한 이해가 부족할 뿐 아니라 리더십을 하나의 지식과 스킬로 바라보면서 훈련을 통해 바로 배울 수 있다고 믿기 때문입니다. 즉각적으로 빠르게 결과를 얻고자 하는 마음은 결국 황금알을 낳는 거위의 배를 자르고 맙니다.

리더십 개발은 보다 존재론적 접근을 필요로 합니다. 우리의 인식 틀로는 설명할 수 없는 세상의 도래는, 그런 세계를 읽고 자신을 창조적으로 변혁해 갈 사람들을 요구합니다. 다시 말해 어떻게 근원적으로 탈바꿈해야 하는지를 탐색하고 실험함으로써 스스로 변화의 주체가 되어야 합니다. 그렇다고 존재론적 접근이 행동주의적 접근을 무시한다고 생각하면 오산입니다. 오히려 존재론적 접근은 행동주의 접근이 지식(knowing)과 행동(doing)을 존재(being)와 통합하지 못한 데 대한 대안적 시도라고 할 수 있습니다.

행동주의적 접근은 지식과 기술습득을 목표로 합니다. 하지만, 존재론적 접근은 자기정체성을 구현할 사명의 발견과 그에 대한 헌신을 목표로 합니다. 다양한 가치들의 공존, 미지의 세계가 보여주는 불확실성과 혼돈은 단편적인 지식과 기술들을 획득한다고 해서 해답을 얻을 수 있는 것이 아닙니다. 혼돈을 헤쳐나갈 사명을 발견하고, 그 사명에 천착함으로써 불안, 혼돈, 나약함을 극복해 갈 수 있는 힘을 기르는 것이 핵심입니다.

행동주의적 접근은 인간정신을 블랙박스로 처리한 채 눈으로 보이는 것, 즉 '~ 하는 방법', '~ 하는 단계', '~ 하는 팁과 테크닉'을 주 내용으로 삼지만, 존재론적 접근은 개인의 성품을 그 내용으로 삼습니다. 그래서 학습과 성장, 희생과 헌신, 존중과 배려, 모험과 도전, 용기, 겸손함, 정직함, 진정성, 개방성 등을 주목합니다.

행동주의적 접근은 산업화시대 공장모형인 '효율성'의 논리에 따라 앎의 권위자가 있고, 그 권위자의 말을 듣고 따라하는 것이 곧 적절한 배움의 방법이라고 간주합니다. 그러나 존재론적 접근은 자신을 성찰하고 인식의 도약을 이루는 방법으로, 읽고 쓰고 질문하고(의심하고) 비교하고 실험하는 일을 선택합니다.

행동주의적 접근은 구조화된 컨텐츠로 정해진 타임테이블에 따라 단기간에 가시적 결과를 얻는데 몰두합니다. 참가자의 참여는 제한적이고 기계적입니다. 의외성, 우연성은 위험이자 오류이므로 사전에 차단됩니다. 그러나 존재론적 접근은 비구조화된 컨텐츠로 우연성, 의외성, 세렌디피티의 과정을 환영합니다. 답은 정해진 것이 아니라 숙고와 성찰을 통해 발견되고 진화하며, 어느 날 깨달음으로 현현하기 때문입니다. 학습은 장기적이고 지속적이어야 합니다.

행동주의적 접근은 당장 활용 가능한 기술, 지식, 테크닉이 결과물입니다. 그것은 상황 특수적 지식이자 누군가가 만든 정답을 복제한 것이므로 변화나 적응에 취약합니다. 반면 존재론적 접근은 리더십에 관한 자기모형(prototype)을 만들어 냅니다. 자기 삶의 상황으로부터 길어 올린 고유한 리더십 모형을 개발해야 현실적일 뿐 아니라 오너십을 가질 수 있습니다. 이 모형은 새로운 세계로 열려 있어 반복적으로 검증, 발전시켜야 할 잠정 가설입니다.

무심코 편의주의에 따라 행동주의적 접근을 취하고 있다면 요령과 기법에 매달립니다. 그러면 배움은 미숙아처럼 수동적으로 변하고, 근시안적 욕망에 사로잡힙니다. 이런 접근에 희생되면 매니저를 리더로 착각합니다. 담대한 도전과 혁신이 남의 일처럼 보입니다. 존재론적 접근을 시도해야 기존 관습과 관행을 넘어서서 사명을 복원하는 창조적인 상상력을 발휘할 수 있습니다.

# 리더십 개발은 무엇을 목표로 하나?

존재론적 접근으로부터 리더십 개발의 목표를 찾아볼까요? 존재란 '삶의 경험들을 해석하고 배워 얻은 생각들이 켜켜이 쌓여 만들어진 의식의 집합체'입니다. 한 마디로 자기 정체성에 대한 거대한 가정(big assumption)입니다. 내 해석과 반응은 점차 나의 정체성을 만들고, 그 정체성은 다시 내 해석과 반응을 결정합니다. 해석과 반응이 누적되면서 보다 견고한 정체성으로 발달합니다. 존재론적으로 접근한다는 것은 정체성의 변모를 만들어 내는 일입니다. 그것은 행동수준(doing)이 아니라 존재수준(being)의 변화입니다.

한 개인의 정체성은 견고하지만 고정불변은 아닙니다. 그것은 쉼 없이 진화하고 변형하길 멈추지 않습니다. 그 과정은 점진적이기도 하고 급진적이기도 하고, 부분적이기도 하고 전체적이기도 합니다. 우리는 정체성을 바꿈으로써 새로운 세계관을 장착하고, 그에 부합하는 다양한 행동전략들을 개발합니다. 행동주의적 접근이 간과한 것은 존재의 문제를 덮어둔 채 표층만으로 변화가 가능하다고 믿은 것입니다. 앞에서 설명한 빙산모델처럼 수면 밑의 90%를 고려하지 않은 것입니다.

리더십 개발이 존재수준의 변화를 필요로 한다는 점은 분명합니다. 높은 직위와 권력을 가진 사람들 중에 그다지 리더 같지 않은 사람이 있습니다. 반면, 직위와 권력이 없는데도 이미 많은 사람들의 존경을 받는 사람들이 있습니다. 리더십이 단지 표면적인 지위와 행동을 바꾸는 것이라면 높은 직위와 권력을 가진 사람들은 좋은 리더여야 하지만 그렇지 않은 것은 리더십이 근원적 수준의 존재전환임을 보여줍니다. 그럼 존재를 전환하려면 어떻게 해야 할까요?

## 존재를 전환하려면 어떻게 해야 하나?

성인교육을 연구한 메이치로(Mezirow)는 존재의 전환을 가져오는 성인학습의 형태를 '전환학습(transformative learning)'이라고 불렀습니다.[84] 성인 이전의 학습이 '형성적(formative)'이었다면 성인의 학습은 이를 전복하고 변혁하는 학습이라는 것입니다. 우리는 세상을 보다 더 잘 이해하기 위해 자기 나름의 보다 고도화된 세계관, 즉 멘탈모델(mental model)을 구축해 갑니다. 멘탈모델이란 세상을 해석하고 이해하며, 그 때문에 특정 행동을 결정하는 인식틀을 말합니다. 멘탈모델은 문화적, 사회적 환경에 의해 무비판적으로 구축되었을 가능성이 있습니다. 그렇기 때문에 기존의 멘탈모델에 대한 비판적인 성찰이 있어야 새로운 멘탈모델, 즉 새로운 삶의 좌표, 가치관을 획득할 수 있습니다. 전환학습의 과정을 단순화하면 세 단계로 나눕니다. 각 단계를 생각하면서 리더십 개발에 관한 통찰을 얻어 봅시다.

첫 번째는 도전적이고 혼란스러운 사건과 조우하면서 현실을 직면하는 단계입니다. 우리는 어린 시절에는 부모, 선생, 권위자같이 자신을 보호해주는 사람들에게 의존하며 살아갈 수밖에 없습니다. 자기 대본(text)이 아니라 남이 써준 대본을 따라 살아갑니다. 그러다 어떤 국면과 조우합니다. 예를 들어 졸업을 하고, 입사를 하고, 승진을 하고, 결혼을 하고, 또 누군가의 죽음을 목격합니다. 특히 어떤 고난과 장애, 슬픔과 고통은 우리의 세계관 속에 깊이 뿌리내린 가정을 흔듭니다. 기존의 삶에 균열과 모순을 드러냅니다. '이렇게 살 순 없어'. '이건 나답지 않아'. '이렇게 살아도 되는 걸까?', '나는 대체 누구지?', '어떻게 살아야 하지?'와 같은 질문과 마주합니다. '비판적 성찰(critical reflection)'이 시작됩니다. 종교적으로 보면 영혼의 울림(calling)일지도 모릅니다. 물론 이 순간은 꼭 외부의 자극으로만 촉발된다고 할 수는 없습니다. 외부 자극이 아니더라도 일상의 경험들을 성찰한다면 누구나 이런 순간을 만날 수 있습니다. 또 삶의 목적에 대한 각성은 지나온 모든 사건들에 대해 새로운 의미를 부여하면서 울림으로 다가옵니다. 그러나 오랫동안 편협한 관점으로 똑같은 일을 반복하고 있거나, 특별히 자신의 문제를 돌아보지 않거나, 문제의 원인을 밖으로만 돌리고 있거나, 자기를 합리화하고 있거나, 과거 성공경험에 매여 있다면 어떤 일이 벌어지더라도 비판적 성찰은 일어나지 않을 것입니다. 비판적 성찰은 당연하게 여기고 있었던 삶의 가정들을 검토하는 일입니다. 그것은 종종 죄의식과 수치심을 유발합니다. 그래서 덮어버리고 싶은 충동이 일어나지만 이를 견디어 낸다면, 자신을 지탱하고 있던 믿음들이 무너지면서 변화를 촉구하는 건강한 에너지를 얻을 수 있습니다.

두 번째는 과거 관습에서 벗어나 새로운 변화, 새로운 도약이 이루어지는 단계입니다. 암묵적으로 가지고 있었던 가정의 타당성을 적극적으로 검증하는 단계입니다. 이때 중요한 활동은 성찰적 대화(reflective dialogue)입니다. 성찰적 대화는 혼자서 또는 다른 사람과 함께 할 수 있습니다. 이론 물리학자인 데이비드 봄(David Bohm)은 대화의 목적은 '사물을 분석하는 것도, 논의에서 이기는 것도, 의견을 교환하는 것도 아니라, 단지 의견을 앞에 두고 그것을 바라보는 것'[85]이라고 말합니다. 자신의 생각, 의견을 그대로 바라볼 때 우리는 의심하고, 추론하고, 비교하고, 유추할 수 있습니다. 누군가의 비판, 피드백을 기꺼이 수용할 수 있습니다. 자기생각에 대한 집착을 버리고 생각을 교환할 수 있게 됩니다. '나는 왜 이런 생각을 하게 된 것일까?', '이 생각으로 인해 지금 어떤 일이 벌어지고 있는가?', '새롭게 수용해야 할 생각은 무엇인가?'와 같은 질문은 자기생각에 내재한 편견과 한계는 물론이거니와 그로 인한 결과들을 비판적으로 들여다보게 합니다. 그때 우리는 비로소 남이 써준 대본에서 벗어나 자기대본으로 살아야 한다는 걸 발견합니다. 삶의 목적과 이상, 그리고 그곳으로 가는 자기고유의 스토리와 플롯이 탄생합니다. 물론 여기는 끝이 아니라 또 다른 도약을 위한 시작입니다. 그러므로 이 성찰적 대화는 성숙을 향해가는 중대한 전환을 만드는 도구입니다.

셋째 단계는 새로운 멘탈모델, 즉 새로운 정체성이 형성되고 발전하는 단계입니다. 이때의 중요한 활동은 성찰적 행동(reflective action)입니다. 성찰적 행동은 앞의 두 단계를 통해 얻은 새로운 가치관, 정체성을 현실에 적용해 가는 단계입니다. 이때 새로운 도전과 실험이 일어납니다. 이는 자신의 믿음을 현실에서 검증해 가는 사려 깊은 행동이라고 할 수 있습니다. 무턱대고 하는 행동이 아니라 신중히 새로운 행동을 시작하고, 그 과정을 모니터링하며 자신의 믿음을 평가합니다. '무엇을 시작해야 하는가?', '무엇이 잘 되고, 무엇이 잘못되고 있는가?', '무엇을 다시 해야 하는가?'와 같은 질문을 통해 이전과 다른 새로운 대안, 새로운 역할을 점검하고, 이것이 현실에 안착되도록 재적용합니다. 성찰적 행동은 습관적 행동을 멈추고, 성찰적 대화와 병행할 때 변증법적으로 더욱 발전되어 갈 수 있습니다.

희랍어 '메타노이아(metanoia)'는 기독교에서 '회개'로 번역합니다. 하지만 그 뜻은 단순히 뉘우침, 반성을 의미하지 않습니다. 메타는 '너머', '위'라는 뜻을 가지고 있고, '노이아'는 '마음'을 뜻합니다. 그리스인들에게 메타노이아는 마음의 변화, 즉 생각의 전환을 의미했습니다. 우리말에 '철 든다'라는 말도 관점과 의식의 전환을 뜻하는 말입니다. 우리가 흔히 '하수', '고수'라고 말하는 것도 관점의 전환을 통해 삶의 도약을 이룬 사람과 그렇지 않은 사람을 구분하는 말이라고 할 수 있습니다. 수많은 성인(聖人)들은 관점의 전환을 통해 우리 삶을 한 단계 높여 놓았습니다. 탁월한 리더들은 삶의 좌표가 되는 목적과 비전을 발견함으로써 자신과 조직을 한 단계 높여 놓았습니다. 그리고 그들은 발판을 만들어 사람들이 도약을 하도록 안내했습니다. 우리가 무엇인가를 배운다는 것, 또는 그를 통해 자신을 개발한다는 것은 새로운 존재로 탄생하는 메타노이아를 겨냥하는 일입니다. 특히 리더십을 개발하는 일은 실무형 전문가가 되는 일이 아닙니다. 조직의 미래와 운명을 책임지는 전사가 되는 일입니다. 자신과 세상을 바라보는 인식을 점검하고 자기 정체성을 변혁하는 것, 그래서 그 눈으로 세상을 바라보고 문제를 대면하는 메타노이아가 없다면, 높은 직위와 권력을 가졌다 한들 무능과 어리석음을 벗어나지 못합니다.

## 덧글

삶의 최고의 숙제 중의 하나는 '변화'일 것입니다. 하버드 대학의 교육학자 하워드 가드너(Howard Gardner)는 변화란 다름 아니라 '마음의 변화(changing mind)'라고 말합니다.[86] 그리고 심리학자 스티븐 핑커(Steven Pinker)나 뇌과학자 마이클 가자니가(Michael Gazzaniga)는 마음이 우리 '뇌의 활동'이라고 단언합니다. 뇌는 환경으로부터 들어온 정보들을 저마다의 방식으로 구성한 신경네트워크입니다. 그것이 마음이라는 감각을 생산합니다. 행동주의자들은 마음을 블랙박스로 처리해 놓고 눈에 보이는 행동에만 초점을 둠으로써 변화의 문제를 피상적으로 다루는 우를 범했습니다. 그 계보는 오늘날 학교와 기업 안에서 칭찬, 처벌, 인센티브, 규칙 등의 기제로 여전히 번성 중입니다. 어떤 자극, 어떤 획기적인 기회, 어떤 프로그램, 어떤 비법이 있다면 사람이 변화할 수 있을 것 같지만 그런 일은 없습니다.

일순에 사람이 변한다면 얼마나 멋질까요? 그러나 그것은 우리 안에 내재된 신화이고 로망이지, 실제 그런 일은 거의 일어나지 않습니다. 우리의 삶은 영화가 아닙니다. 하워드 가드너는 인간의 마음(개념, 이론, 기술 등)을 변화시키는 7가지 지렛대가 있다고 말합니다.

첫 번째는 이성(reason)입니다. 관련된 요소들을 하나하나 따져 본 다음, 전체적인 평가를 내리를 행위입니다. 이성은 완벽한 논리체계, 유추, 그리고 분류체계를 사용해야 합니다.

두 번째는 연구조사(research)입니다. 어떤 가설을 입증하거나 어떤 의심을 떨치기 위해 관련 자료를 수집하는 것입니다. 과학적 훈련을 받았다면 대체로 통계적인 방법을 사용합니다.

세 번째는 공명(resonance)입니다. 이성과 연구조사가 마음의 인지적 측면에 영향을 미치는 것이라면, 공명은 감성적 요소를 의미합니다. 어떤 견해나 생각, 혹은 관점이 합당하고 현재의 상황에 적절하다면 그에 대해 확신하게 됩니다.

네 번째는 표상의 재구성(representational resubscription)입니다. 마음의 변화는 어떤 것이 수많은 형식을 통해 반복적으로 제공되었을 때, 더 강한 확신을 주게 됩니다. 그러면 그 형식들은 서로를 더욱 강화시키게 됩니다.

다섯 번째는 자원과 보상(resource and reward)입니다. 자원의 제공은 마음의 변화를 긍정적인 방향으로 이끌어 낼 수 있습니다. 사람들은 자기 나름의 특정한 행동양식이나 사고방식을 통해 보상을 받습니다. 하지만 이것이 이성, 동조, 연구조사 등과 부합하지 않는다면 마음의 변화가 일어나는 데는 한계가 있습니다.

여섯 번째는 실제사건들(real world events)입니다. 삶의 특별한 사건들은 마음의 변화를 일으킵니다. 전쟁이나 자연적 재난, 경제 불황 등과 같은 사건을 포함하여 질병을 예방하고 생명을 연장시키는 의학의 발달, 선량한 지도자나 정당의 집권 등과 같은 사건 등이 그 예입니다.

일곱 번째는 저항(resistance)입니다. 이것은 마음의 변화가 아니라 이 변화를 가로막는 요소입니다. 마음속에 자리 잡은 확고한 관점과 시각이 변화를 거부하는 것입니다. 전통적인 믿음과 통념들이 그것입니다.

자신을 개발하고 성장시킨다는 것은 이 7가지 활동들을 훈련하는 것이라고 할 수 있습니다. 이는 우리의 리더십 개발과 관련하여 다음과 같은 시사점을 던져줍니다. 변화는 저절로 주어지는 것이 아니라 삶의 경험들 속에서 꾸준히 '앎'의 대열에 자신을 올려놓아야 한다는 것입니다. 앎이란 외부 환경으로부터 정보를 해석하고 이전과 다른 새로운 대안을 만들어 낼 수 있는 모든 기술의 총합입니다. 뉴런의 새로운 결합이며, 이것이 강화되는 프로세스입니다. 낯선 그리고 불편한 자극은 이 앎의 과정을 가속합니다. 쉬운 책을 읽고, 같은 생각, 같은 행동을 되풀이할 때, 자극은 줄어들고 변화의 가능성은 사라집니다. 그러면 기존의 신경 네트워크가 강화되면서 편견, 합리화, 자기기만이 생깁니다.(7번째 항목인 '저항'이 강해지면서 변화를 막게 됩니다). 변화를 원한다면 황당한 기대로 엉뚱한 수작을 부리는 일을 멈추어야 합니다. 일순의 충격, 일순의 깜짝쇼를 기획해서는 안 됩니다. 대신 읽고, 생각하고, 연구하고, 조사하고, 비교하고, 실험하는 가운데 자기 존재를 전환하는 결단의 순간을 만나야 합니다.

# 02

## 어떻게 리더십 역량을 키우나?
### 생각의 아지트 만들기

　존재의 전환이 천둥번개가 치듯 갑자기 나타날 것이라고 기대하는 것은 비현실적입니다. 가끔 이런 운명적 사건이 자신에게는 없다고 말하는 사람들이 있습니다. 외부에서 주어질 것이라고 기대하면서 자신의 내면에 무관심하다면 그런 순간은 있다한들 감지하지 못합니다. 우리인생은 화석처럼 이미 채굴되길 기다리는 수많은 사건들로 가득 차 있습니다. 그러니 어느 날 만나게 될 그 순간을 위해 일상을 배움의 순간으로 채우는 것이 우리가 해야 할 일입니다. 존재의 전환은 꾸준한 생각과 행동의 축적이 만들어내는 의식의 도약입니다. 시간을 거쳐 익어가야 하는 성숙의 문제입니다.

　설령 지적으로 우수하고, 많은 권력을 가졌다 해도 미숙한 상태에 머물러 있는 사람들은 자신의 세계에 갇혀있습니다. 제가 본 미숙한 리더들은 그 때문에 성과에 쫓기고, 자원의 부족에 허덕이며, 한계와 제약을 한탄하고, 난관과 장애 앞에서 좌절하길 반복했습니다. 문제의 원인을 외부에 귀인시키고 남을 탓하느라 대부분의 시간을 보냈습니다. 사사로운 욕심 때문에 타인을 배척하고 파벌을 만들며, 자신을 보호하는데 급급했습니다. 당연 갈등과 불화가 그치지 않았습니다.

성숙은 앞서 언급한 존재의 전환을 통해 이루어집니다. 자신과 타인, 나아가 세상을 바라보는 관점을 분화, 통합시켜나갈 때 보다 성숙한 생각, 의식을 갖게 됩니다. 이 과정은 이전에 구성했던 세계관을 부정한다는 점에서 상실의 고통을 수반합니다. 그래서 어떤 사람은 중도에 포기하고 끝내 미숙한 상태에 머뭅니다. 하지만 성숙한 리더들은 대체로 다음과 같은 특징을 보입니다.

» 자신을 깊이 수용하고 자기진정성을 보임으로써 내적 갈등과 분열이 없습니다.

» 자신을 객관화하는 능력으로 인해 난관 앞에서도 자신의 감정, 행동을 조절합니다.

» 개별적이고 특수한 상황을 맥락으로 전환할 수 있는 확고한 신념체계를 구축하고 있습니다.

» 사람들과 함께 집단적인 사명, 비전, 가치를 창안합니다.

» 갈등상황에서 한 쪽에 경도되지 않고 보다 통합적 관점을 채택합니다.

» 정치적 실리를 취하기보다 언제나 보편적인 원칙과 규범에 따라 의사결정을 내립니다.

» 자신의 사명, 가치, 비전을 쉼 없이 진화시켜가는 스토리가 있습니다.

» 상대적이고 다원적 관점을 가지고 있어 편견과 고집이 없습니다.

» 대립과 패러독스를 위협으로 느끼지 않고 즐기며, 이로부터 혁신적 방안을 창안합니다.

» 이 모두로부터 내적 평화를 경험하여 일관성, 지속성, 안정성을 보입니다.


성숙은 학위를 따고, 시험에 합격하여 높은 지위를 획득한다고 가능한 일이 아닙니다. 누구처럼 부모로부터 물려받은 유산으로 권세를 누린다고 얻는 것은 더더욱 아닙니다. 환심을 사서 인기를 누린다고 가능한 일도 역시 아닙니다. 성숙을 위한 가장 확실한 방법은 앞서 언급한 '생각할 수 있는 힘'을 기르는데 있습니다. 우리는 언제부턴가 생각의 속성인 느림과 모호함, 우연을 배격했습니다. 그 결과, 생각의 빈곤은 우리들의 머릿속에 언론과 대중의 잡담, 그리고 다른 권위자의 답들을 채워 넣고 말았습니다. 남이 하는 뻔한 이야기, 남들이 생각하는 뻔한 생각을 재탕하게 되었습니다. 하지만 생각할 수 있다면 우리는 이전과 다른, 이전에 없던 관점을 만들고 새로운 실험을 시작할 수 있습니다. 과거의 통념을 넘어 새롭고 담대한 생각을 현실화할 수 있습니다. 설령 실패한다 해도 그 과정에서 다시 배울 수 있습니다. 생각하는 힘은 일체의 억압과 제약으로부터 자신을 지키고, 답이 없는 상황에서도 해법을 찾게 합니다. 다른 사람들과 건설적으로 토론하고 그들을 감복시킬 수 있습니다.

생각하는 힘을 키우려면 우선 질문해야 합니다. 매 순간이 배움과 성
장의 체험이 되게 하려면 삶의 모든 경험들에 의문부호를 달아야 합니
다. 질문만이 생각을 자라게 합니다. 경험이 있었는데 질문이 없다면
경험은 낭비되고 사라집니다. 암기하고 따라하고, 그러다 망각하고 포
기하는 일을 되풀이 합니다. 질문은 밖에 머문 지식을 자기 안으로 초
대하는 일입니다. 지식을 자기 삶으로 통과시켜 지혜로 전환하는 일입
니다. 그렇지 않은 지식은 공허하고 무력합니다. 그것이 문제를 해결할
턱이 없습니다. 의문을 떠올리고 앎을, 세계를, 우주를 자기 삶으로 끌
고와 생각을 시작해야 합니다.

답이 중요한 게 아닙니다. 답은 생각을 닫지만 질문은 생각을 엽니
다. 저는 질문에는 두 가지가 있다고 생각합니다. 하나는 외부 세계를
향한 호기심이고, 또 다른 하나는 내부세계를 향한 의심입니다. 호기심
은 새로운 지식, 정보, 대안을 탐색하고, 의심은 그런 자신을 문제 삼으
며 오류와 모순을 수정합니다. 두 개의 질문이 병존하면, 생각은 안팎
으로 확장되고 단단해지며 절실함으로 치닫습니다. 절실함이 변화를
만듭니다.

질문을 가져왔다면 이제 새로운 생각을 향해 자신을 열어놓아야 합
니다. 자기중심적 관점에서 벗어나 타인의 눈으로, 객관의 눈으로, 보
편의 눈으로 세상을 바라보아야 합니다. 자신의 생각에 대한 소유의식
을 버려야 합니다. 〈장자〉의 제물편에는 오상아(吾喪我)라는 말이 나옵

니다. '자신을 잃어버렸다', '자신을 장사지냈다'라는 뜻입니다. 이것은 자기에 매이지 않는다는 것이니 자신의 물건은 말할 것도 없고, 자신의 생각에 대해 일체의 소유의식이 없는 상태입니다. 당연 집착이 사라지고, 상대와 사태를 장악할 이유가 없습니다. 그러면 온갖 것이 거기 있는 그대로 보이고 있는 그대로 들려오니 편견이 없고 전체를 포용합니다. 자신을 열어놓는 일은 '나의 것'을 버리는 일입니다. 생각해 보십시오. 자기 생각을 맹신하고 고집하는 일은 얼마나 가소로운 일인가요? 반면, 자기 것에 얽매이지 않는 일은 얼마나 큰 용기인가요? 이를 꿰뚫어 보는 초월적 의식은 또 얼마나 위대한가요?

생각하는 힘을 방해하는 것은 다름 아니라 자신의 생각을 고수하려는 태도입니다. 이는 자기방어라는 생물학적 유산에서 비롯되었습니다. 그렇지만 그것은 동시에 진리를 찾아갈 수 없게 하고, 다른 사람과의 분쟁을 유발하며, 자신을 독단의 함정에 빠뜨립니다. 우리는 필연적으로 타인의 이야기에, 세상의 이야기에 주의를 기울여야만 성장합니다. 판단을 멈추고 자신의 생각을 비워야 새로운 생각과 만납니다. 간혹 '나'란 참 부산하고 호들갑스럽고 고집의 근원이란 생각이 들지 않나요? 자기중심성을 해체해야 더 밝은 지혜의 눈을 뜰 수 있습니다.

다음은 생각에 생각을 보태는 것입니다. 생각에 생각을 보태다는 것은 거듭 생각하는 것이고, 다시 생각하는 것이고, 생각을 더한다는 것입니다. 대부분의 리더들이 고통을 경험하는 이유는 남의 생각으로 답을 구하거나 생각이 멈추어 통념에 의존하기 때문입니다. 생각이 멈추면 과거의 경험만이 명백한 답처럼 보입니다. '해봤는데 소용없었어요', '그렇게 해도 안돼요.'. '제가 해봐서 알아요.' 하지만 골똘히 생각하면 이미 내린 답은 대부분 충분하고 면밀한 조사 없이 편의에 의해 내려진 답이라는 것을 알 수 있습니다. 우리들의 생각은 과학자가 실험을 하듯 철저한 검증을 거쳐 축적되는 것이 아닙니다. 부지불식간에 우리 안에 자리하여 새로운 생각을 방해합니다. 자신이 내린 결론에서 생각이 멈춰있다면 다음 대안이 나타나지 않습니다. 그러니 생각하기를 거듭해야 합니다. 생각이 깊어지고 높아지면 생각이 차오릅니다. 그러면 생각은 다시 기존의 생각을 뛰어넘고 고유한 생각을 탄생시킵니다. 이를 일컬어 창의력이라고 합니다.

질문하고 마음을 열고 새로운 생각을 수용하고 생각에 생각을 보태면 옳고 그름에 대한 명확한 기준이 섭니다. 혼돈에서 지혜를 발휘하고 장애와 난관을 넘어 강력한 실행을 이끕니다. '중용'에서는 이를 각각 자세히 묻는 심문(審問), 널리 배우는 박학(博學), 깊이 생각하는 신사(慎思)라고 했습니다. 그러면 분명하게 판가름하는 명변(明辨)과 독실하게 실행하는 독행(篤行)이 가능해집니다. 몇몇의 기법과 도구들이 앎을 대신할 것이라는 믿음이 왜 매번 불발로 끝나는지를 안다면, 생각하는 힘을 기르지 않는 것은 감히 불륜이며 외도입니다.

## 생각을 훈련하는 도구는 무엇인가?

제가 추천하는 생각의 좋은 도구는 '읽기'와 '쓰기'입니다. '읽는다(앎)'는 것은 '쓰기(삶)'를 필요로 합니다. 둘은 동시적으로 병행되어 있습니다. 읽기만하고 쓰지 않으면 앎은 흩어지고 소비되며 남는 게 없습니다. 읽었다면 반드시 쓰기를 통해 생각을 단단히 하는 과정이 있어야 합니다. 개인적으로 저는 쓰는 일이야말로 모든 제약을 벗어나는 자유와 창조의 공간이자 해방의 공간이라고 생각합니다. 특히 현실이 많은 제약과 한계로 둘러싸여 있다면, 그래서 더더욱 현실이 버겁다면 '쓰기'를 해야 합니다. 쓰기가 바로 사유의 공간입니다.

사유할 때만 우리는 자신과 세상을 문제 삼고, 지각되지 않았던 외부의 폭력을 감지합니다. 그 안에 유착되어 길들여진 우리자신을 간파합니다. 환경이 내 생각과 의식을 조작하고 있음을, 마침내 무감각을 만들고 있음을 알게 됩니다. 환경을 3자적 관점에서 바라볼 수 있다면 환경과 일정한 거리를 두고 환경의 희롱을 막아낼 수 있습니다. 그러니 흥분하고 화를 내고 좌절하고 절망할 이유가 없습니다. 글을 쓰면 바로 그런 환경의 균열을 찾아냅니다. 언어는 우리의 생각을 제약하지만 동시에 한 글자 한 글자를 조합하고 문장을 만들면서 이전에 없던 가능성을 열어갑니다. 전통적인 통념을 부수고 제약 밖으로 나가는 모험을 시도합니다. 나아가 변혁적 목적을 창조할 수 있습니다. 그래서 글쓰기는 온갖 폭압으로부터 자신을 지켜줍니다. 아첨하는 대신 거기에 맞서

싸울 수 있는 힘을 길러줍니다. 우리가 현실에 굴복하는 이유는 현실이 사유의 빈 공간을 파고들어 우리의 의식을 장악했기 때문입니다. 하지만 글을 쓰면 우리는 생각의 아지트를 만들고 그 안에서 이상을, 관념을, 새로운 현실을 창조합니다. 우리는 그런 리더들이 들려주는 신념에 찬 미래에 희망을 겁니다.

글쓰기는 혁명입니다. 우리는 언어를 통해 세계를 구성하고 세계를 변화시키는 주체입니다. 언어는 현실에서 왔으나 동시에 현실을 넘어서는 해방구입니다. 생각 당하는 게 아니라 생각하기를 시작합니다. 반전과 전복을 가능하게 합니다.

글쓰기에는 허영과 위선이 들어갈 틈이 없습니다. 자기감정과 생각을 배반한 글쓰기란 애초에 가능하지 않습니다. 우리는 글을 쓰는 동안 자신의 의식, 감정, 욕구를 이해하고 우리의 이중성을 헤집습니다. 그리고 내면의 진실한 목소리를 듣습니다. 자신의 존재가 세상, 타인과 어떻게 연루되어 있는지를 발견합니다. 미국의 작가 나탈리 골드버그(Natalie Goldberg)는 자신의 책 〈뼈 속까지 내려가서 써라〉에서 글을 쓴다는 것이 삶을 충실히 살아가겠다는 약속이라고 말합니다. 그것이 삶의 태도와 양식을 훈련하는 자기검열의 과정이기 때문입니다.

글이 어떤 단상, 어떤 자극에 대한 강렬한 인상에서 시작하여 결말로 나아가듯, 우리의 인생도 수많은 사건들에 부여한 의미가 어느 날 일련의 질서로 수렴되면서 하나의 스토리로 완성됩니다. 나는 많은 리더들과 리더십을 훈련을 하면서 매번 글쓰기에 관한 숙제를 냅니다. 어떤 이들은 파워포인트와 엑셀 장표를 작성하는데 익숙한 나머지 글을 쓰는 일을 잊어버렸습니다. 또 어떤 이는 자신의 속마음을 글로 담아 내 보이는 일을 두려워합니다. 그것은 작법의 문제가 아니라 자기를 대면할 자신이 없기 때문입니다. 글쓰기는 바로 이런 자신에 대한 도전입니다. 자기비하나 자기과장이 없이 자신을 있는 그대로 수용하는 법을 배웁니다. 이런 자기수용은 자존감의 원천입니다. 자존감은 막막한 미래를 뚫고 비전을 만들어 삶을 변화시키는 힘을 제공합니다. 자존감이 낮은 것은 자신을 글로 표현할 수 없었기 때문입니다. 글을 쓰지 않기 때문에 두려움과 공포, 자기의심이 커진 것입니다. 낮은 자존감을 가진 리더와 일한다고 생각해보십시오. 끔찍한 일이 벌어지지 않겠습니까?

## 덧글

수많은 글쓰기 관련 서적들이 있으니 구태여 글쓰기의 요령을 여기에서 언급할 필요는 없다고 생각합니다. 하지만 글쓰기는 리더십 개발과 밀접한 관련이 있습니다. 경영학자 짐 콜린스(Jim collins)는 일찍이 위대한 기업을 이루어낸 리더들을 '제 5수준(level 5)'의 리더라 부르고, 그들이 상반된 두 가지 특성이 있다는 것을 발견했습니다.[87] 하나는 겸손함이었고, 다른 하나는 강력한 의지였습니다. 제 생각을 보태어 보면 겸손은 자신의 불완전함과 취약함을 인정할 때, 결코 완벽에 다다를 수 없다는 것을 자각할 때, 그리고 다시 새롭게 배우지 않으면 안 된다는 배움의 정신이 가득할 때 경험하게 되는 삶의 모드입니다. 그리고 '직업적 의지'란 자신을 뛰어넘어 도달해야 하는 더 큰 이상을 갈망할 때, 자신의 재능과 노력으로 넘어서지 않으면 안 되는 장애에 맞설 때, 헌신해야 하는 어떤 가치를 발견하게 되었을 때 갖게 되는 신념과 담대함입니다.

'무엇이 평범한 개인을 이런 리더로 만드는가?'와 관련하여 콜린스는 자신의 연구가 이 블랙박스를 풀지 못했다고 고백하면서, 그것은 분명 재능이 아니라 노력의 결과일 거라고 힘주어 말했습니다. 저는 이 블랙박스가 성숙의 여정일거라 짐작합니다. 이 여정에 있는 사람들은 현실적 제약으로부터 이를 초월하는 이상을 발견하고, 자기 한계와 결함을 극복하기 위해 정진을 멈추지 않았습니다. 거기에 어찌 요령과 테크닉이 있었겠습니까? 겸손함과 강력한 직업적 의지는 성숙의 여정이라는 비싼 대가를 치러야만 얻을 수 있습니다. 그리고 희망적인 소식은 큰 돈을 들이지 않고 성숙을 연습하는 가장 좋은 수단이 바로 글쓰기라는 점입니다. 처음에는 한 줄이지만, 다음에는 두 줄, 세 줄이 될 수 있고, 또 열 줄이 될 수 있습니다. 시도해 보지 않겠습니까? 놀라운 변화를 체험할 수 있습니다.

# 03

## 일상적인 리더십 개발의 방법은 무엇인가?
### 삶이라는 학교

일상의 경험들이 리더십 개발이 되게 하려면 경계해야 할 것이 있습니다. 첫 번째는 스스로 학습이 멈추었음을 경계해야 하고, 두 번째는 학습중독에 빠진 것이 아닌가를 경계해야 합니다.

먼저 학습이 멈춘 것은 아닌지 생각해 봅시다. 직장인들 중에 학습이 멈춘 사람들이 있습니다. 그들은 학습에 대해 무감각하거나 자신은 학습하고 있다고 하지만, 정작 심리적으로는 이를 거부하는 사람들입니다. 그들이 보이는 반응은 다음과 같습니다.

» "할 수 없다.", "힘들다."

상시적으로 자신의 현실적인 어려움, 제약 등을 언급하며 자신을 두둔합니다. 성장과 배움의 동인이 되는 꿈과 비전이 사라졌습니다.

» **"내가 옳다.", "내 뜻대로 해."**

자신의 생각, 감정을 완강히 고집합니다. 타인의 생각을 수용하는 것을 자신이 부정당한다고 생각합니다.

» **"저 사람 이상해"**

괜히 잘 나가는 사람들을 깎아내리며 뒷담화를 합니다. 성장과 배움이 멈춘 자신이 상대적으로 초라해 보이기 때문입니다.

» **"그냥 ~~ 해"**

손쉬운 빠른 결론을 좋아합니다. 근본적인 해결책보다 당장 현실을 모면할 방안을 찾으려 합니다.

» **"나 때는 말야"**

같은 말을 되풀이하며 잔소리합니다. 과거의 영광을 추억하며 별 볼 일없는 자신의 현재를 무마하려합니다.

» **"다 그래"**

단선적으로 생각하고 쉽게 일반화합니다. 특별한 경우를 무시하고 자신의 처지를 변명하려 합니다.

» **"그럴 수밖에 없었어", "저 사람 때문이야"**

문제를 외부화하고 타인을 비난하며 화를 자주 냅니다. 자신을 문제의 주체자로 받아들일 만큼의 용기가 없습니다.

» **"그런데 말야 ..."**

중심주제는 제쳐두고 디테일에 집착한다. 중심주제를 다룰 만큼의 역량은 없으면서 자신은 무능해 보이고 싶지 않습니다.

» **"내가 해봐서 아는데..."**

자기 경험에 과도하게 집착합니다. 자신이 경험한 것만을 믿는 편협함을 벗어나 학습과 성장이 멈추었다는 것은 더 이상의 개방시스템(open system)이 아니라 폐쇄시스템(closed system)이 되었다는 것입니다. 폐쇄시스템이 되면 바깥의 정보가 안으로 들어와 창조적으로 변형되지 못합니다. 당연 산출물도 없습니다. 폐쇄시스템에서는 같은 정보가 반복적으로 재탕되면서 세상과 괴리를 만듭니다. 폐쇄된 시스템에 갇힌 사람들은 문제가 불거지면 자신은 정작 손 놓고 타인과 외부요인만을 탓하고 있습니다. 그러면 감각이 무뎌지고 익숙한 각본에 따라 똑같은 행동을 되풀이 하면서 자신을 방어하고 행동의 모순을 없애버립니다. 시스템은 어느 날 작동이 멈춥니다. 그런 사람들의 이야기는 다른 사람에게 충격을 줄 수 없고 공감과 이해를 구할 수 없습니다. 이를 벗어나 성장의 대열에 들어서려면 자신을 개방시스템으로 만들어야 합니다. 안팎으로 다가오는 자극에 자신을 열어놓고, 실험하며, 그 결과로부터 배워야 합니다.

두 번째로 일상적으로 학습하고 개발하려면 '학습중독'을 경계해야 합니다. 다음을 생각해 볼까요?

'세상은 걷잡을 수 없이 변화하고 있다. 온갖 신기술이 우리의 예측을 벗어나 출몰하고, 그것이 가져올 불확실한 파장들을 생각한다면 끊임없이 적응하길 멈추지 않아야 한다. 그렇지 못한다면 당신은 도태되고 말 것이다.'

어디선가 많이 들어본 말 아닌가요? 이것이 지금 우리사회의 거대 대본(big script)입니다. 지그문트 바우만은 일찍이 끊임없이 변화하는, 유동하는 오늘날을 '액체근대'라고 불렀습니다.[88] 그의 진단은 이런 세상이 몰고 오는 공동체의 붕괴를 경고했습니다. 하지만 이런 말들을 비틀어 호들갑을 떨며 온갖 처방과 비책을 제시하는 사람들은 말합니다. '자기를 개발하라', '변화하고 혁신하라', '긍정하라', '너를 찾아라', '힐링하라', '명상하라', '코칭하라'... 변화의 소용돌이 속에 우울과 불안, 번아웃을 경험한 사람들은 여기저기 휩쓸려 자기를 개발하고, 코칭을 받고, 심리진단을 받습니다. '왜'라는 질문이 사라집니다. 이 대열에 끼지 않는 것은 촌스러울 뿐 아니라 위험한 일입니다. 자율경영, 애자일, 임파워먼트, 수평경영, 디지털 트랜스포메이션, 민첩성..... 남보다 빠르게 이동을 시작하는 것이 생존이라며 밑도 끝도 없는 출항을 외칩니다. 하지만 변화의 호들갑 속엔 정작 가장 중요한 것이 빠져있습니다. 파도가 거세다면 돛이 아니라 닻을 내려야 합니다. 정처 없는 유랑이 아니라 어디를 정박지로 삼아야 하는지를 알아야 합니다.

남에게 뒤처지면 안 된다는 불안은 닥치는 대로 새로운 지식과 기술을 탐닉합니다. 학원에 가고 자기계발서를 읽고, 자격증을 따고 각종

강연회를 기웃거립니다. 배우고 있다는 착각이 들지만 실은 불안이 만든 강박입니다. 도태의 불안은 계속해서 자신이 유능한 사람임을 입증해야 합니다. 빨리 빨리 목표를 달성해야 합니다. 하지만 정작 모험적인 일은 할 수 없습니다. 그것은 낙오, 도태, 무능의 위협이 있기 때문입니다.

경쟁을 부추기고 스펙, 지위, 부를 강조하는 사회는 불안을 이용해 작동합니다. 불안은 불안을 먹고 자랍니다. 성취와 평판, 효율과 실용을 숭배하고, 깊이 침잠하여 심연을 탐색하는 일, 시간이 무르익어 영그는 것들을 기다리지 않습니다. 생명의 본령이었던 학습이 생존의 도구가 됩니다.

참된 학습(authentic learning)은 지식을 축적하는 일이 아닙니다. 그것은 앞서 언급한 것처럼 존재의 변혁을 기도하는 일입니다. 기존의 통념과 가설을 부수고 자기파괴를 결행하는 일입니다. 모방과 흉내, 복종과 편입이라는 동조압력으로부터 탈주해 새로운 삶을 창조합니다. 삶과 교감하며 목적과 사명을 일깨웁니다. 파괴와 변혁이 없는 배움이란 얼마나 황망한가요? 그것은 때로 자신을 찌르고 세상을 찌르는 흉기일 뿐입니다.

우리시대 소피스트들의 궤변을 거절하고 나면 삶에서 보다 더 중요한 질문들이 떠오릅니다. 자기 대본으로 스스로를 창조해가는 삶이 무엇인지를 묻게 됩니다. 그 답을 가진 사람들이 불확실성을 제압할 수 있는 무기를 가진 것입니다. 그리고 거기에 진정한 개발의 이유가 생기고, 학습의 방법도 찾을 수 있습니다.

'학습이 멈추는 일'과 '학습에 중독되는 일'을 깨달으면 학습이 도구가 아니라 그 자체가 목적임을 발견할 수 있습니다. 그러면 삶의 경험이 학습으로 바뀝니다. 사실 마음의 문만 열면 삶은 거대한 교실처럼 보입니다. 모든 미지의 세계를 호기심, 기쁨, 환희로 맞이합니다. 만일 직장이 진정한 배움의 공간이 아니라면, 그래서 소진의 공간으로 전락했다면 직장은 탈출해야 할 감옥과 다를 바 없습니다.('직장이 학교냐?'라고 반문하는 사람들은 최고의 성공조직이 왜 학습조직(learning organization)인지를 이해하지 못하는 삼류입니다.) 다음은 자신을 늘 학습하는 사람으로 만드는, 즉 개방시스템을 유지하는 방법입니다.

» 결론은 잠정적인 해답일 뿐 계속 더 나은 답을 찾아간다.

» 기존에 가지고 있었던 관심의 폭을 넓혀간다.

» 모호한 것을 견디고 수용한다.

» 모순되는 경험에 대해 호기심을 가진다.

» 단기적, 단편적으로 생각하는 대신 장기적, 종합적으로 생각한다.

» 문제에 대해 문제 자체가 아니라 그 문제에 대한 자신의 전제를 검토한다.

» 사건들이 서로 어떻게 맞물려 있는지 그 상호관계를 살핀다.

» 가능한 다양한 사람들과 교류하며 다양한 관점을 채택한다.

» 쉼 없이 갱신해 갈 삶의 목적, 비전, 가치를 설정하고 이를 검증해간다.

다음은 40대 후반의 대기업 리더들을 대상으로 '어떻게 지금의 역량을 갖게 되었나?' 라는 조사를 했을 때 사람들이 쏟아 놓은 답들입니다.

» 혹독한 상사 밑에서의 하드 트레이닝

» 망해가는 직장에서 생존을 고민하며 불면의 밤을 보낸 시절

» 전문성이 뛰어난 상사 밑에서 보고 배운 것

» 현장에서 매일 닥쳐오는 일들을 처리하며 보낸 나날

» 온갖 직무를 전전하며 뭣도 모르고 시행착오를 반복했던 것

» 모호한 과제를 부여받고 매일 '나는 누구인가'를 질문한 것

» 좋은 성숙한 동료들과 팀으로 일한 것

» 난제 앞에서 오너십을 갖고 처리한 경험

이외에도 더 많은 것들이 있었습니다. 이런 경험들은 리더십 개발과 관련한 많은 연구결과들과 동일합니다.[89] 리더는 태어나는 것이 아니라 만들어진다는 것! 리더십 개발의 핵심은 '경험(experience)'이라는 것입니다. 경험만큼 최고의 선생은 없습니다. 하지만 모든 경험이 선생은 아닙니다. 경험이 성장과 개발의 모멘텀이 되려면 적어도 두 가지 조건을 필요로 합니다. 첫째는 기존의 안전지대를 벗어나는 체험이어야 합니다. 그래야 우리는 새로운 지식, 생각, 경험과 조우합니다. 그러려면

다음과 같은 노력이 필요합니다.

» 안전지대 머무르는데서 오는 한계를 발견한다.

» 위험을 감수한다. 위험을 감수하지 않음으로써 잃게 될 손실과 얻게 될 이익을 계산한다.

» 새로움이 도약으로 전환될 때까지 시간지체를 견딘다.

» 자신의 한계에 맞선다.

» 의미 있는 피드백을 찾고 비판과 비난을 수용한다.

» 다양한 네트워크를 만든다. 도움을 줄 멘토, 파트너를 찾는다.


둘째는 그 경험을 성찰하고(reflect) 이를 지혜로 전환해야 합니다. 성찰은 경험을 인상적인 교훈으로 바꿉니다. 의미를 부여하고, 새로운 선택지를 제공하며, 관점을 바꾸고, 이전의 가정을 검증합니다. 편견과 오류를 수정하고, 새로운 맥락을 창안합니다. 여기에는 다음과 같은 행동이 필요합니다.


» 배움과 동시에 정기적으로 성찰의 시간에 투자한다.

» 표면적 성찰로 과거 사건과 행위를 규명한다.

» 심층적 성찰로 사건에 대한 자신의 가정, 신념을 규명한다.

» 과거의 경험을 성찰하는데 겸손함을 잃지 않는다.

» 다양한 관점으로, 다양한 시간과 형태로 과거 경험을 재해석한다.

» 발견한 지혜를 확인한다.

» 늘 자신이 누구인지 묻고 답한다.

안락한 교실에서 남의 이야기를 들으며 리더십을 개발할 수 있다는 생각은 어불성설입니다. 왜 교실에서 배운 것이 현장에 전이되지 않을까요? 교실이라는 공간은 성찰의 양과 질이 절대적으로 빈곤한 창백한 곳이기 때문입니다.

일상의 경험들을 개발의 경험으로 만들어 가는데 중요한 또 한 가지가 있습니다. 그것은 바로 멘토, 스승의 존재입니다. 가끔 혼돈에 빠져 이러지도 저러지도 못하는 리더를 보면 제가 항상 묻습니다.

"혹시 주변에 멘토가 있나요?"

그들의 대답은 '노'였습니다. 멘토가 없으면 현실은 더 이상 다른 대안이 없는 벽처럼 느껴집니다. 멘토는 어떤 사람일까요? 그들은 이미 우리가 통과했던 어려움을 이겨내고 앞서 거기에 간 사람들입니다. 그들은 우리 삶의 텍스트입니다. 그들이 보여주는 삶의 지혜, 혜안은 우리의 현실의 재조명하고 새로운 돌파구를 제공합니다. 그러므로 멘토가 없다는 것은 불행한 일입니다. 멘토가 없다면 결코 탁월함의 수준에 도달할 수 없습니다. 실제 어느 분야에서든 탁월함에 이른 사람들의 이야기를 들어보십시오. 그들에게는 그들을 견인한 스승의 존재가 있었습니다. 뉴턴은 자신이 더 멀리 볼 수 있었던 이유는 위인들의 어깨에 의지했기 때문이라고 했고, 아인슈타인도 자신의 삶이 외적으로 내적으로 나아가는 것은 주변의 동료들 때문이라고 했습니다. 티벳에서는 실제 경전보다 스승의 가르침을 더 소중히 여겨 스승과의 만남을 인생 최고의 경험이라고 여겼습니다 인도의 오래된 경전인 〈우파니샤드〉는 산스크리트어로 스승의 말을 듣기 위해 '가까이에 앉는다'라는 의미를 갖고 있습니다. 탁월한 지혜는 인터넷과 같은 정보의 홍수 속에서가 아니라 스승의 삶과 가르침으로부터 옵니다.

멘토가 리더십 개발에 결정적인 역할을 하는 이유는 무엇일까요? 먼저, 그 역할을 보고 배울 수 있는 다른 존재가 있다면 학습은 훨씬 더 빨라지기 때문입니다. 그들은 지름길을 가르쳐 주기도 하고, 생각하지 못한 통찰을 제공하기도 합니다. 게다가 멘토는 나의 학습과 배움이 제 길을 가고 있는지를 판단하는 준거가 됩니다. 그 준거를 토대로 바람직한 기술, 규범을 전수받을 수 있고, 그를 통해 용기와 자신감을 얻을 수 있습니다. 혹여라도 악전고투 중이라면 이런 멘토의 존재감은 그 자체가 당신에게 희망입니다. 요즘 우리사회가 왠지 어둡고 절망스럽게 보이지 않나요? 그것은 보고 배울 수 있는 좋은 스승의 부재와 무관하지 않을 것입니다.

다음으로 멘토는 나의 낡은 정체성을 일깨웁니다. 그들은 나와는 다른 경지에서 살아가고 있습니다. 경험과 역량에서 격차가 크기 때문에 그들의 관점과 행동은 현재 나의 위상을 가려주고 새롭게 도약해야할 다음 단계가 있음을 알려줍니다. 혹시 그런 사람을 본 적 있습니까? 그와 함께 있으면 도리어 내가 초라하고 부끄럽게 느껴지지 않나요? 그런 사람들은 우리에게 항상 지적 자극을 제공하고 새로운 길을 보여줍니다. 우리의 멘탈모델이 새롭게 탈바꿈되어야 함을 경고합니다.

이런 멘토는 어떻게 만날 수 있을까요? 간단합니다. 배움의 열정을 가득 채우면 됩니다. 종종 어떤 사람들은 자기 주변에 멘토가 없다고 말합니다. 하지만 이 말은 진실이 아닙니다. 멘토는 따로 있는 것이 아니라 우리가 배움의 눈으로 세상의 문을 여는 순간이면 어디서고 멘토는 등장합니다. 멘토가 보이지 않는다면 당신 안에 아직 배움의 열정이 가득 차지 않았기 때문입니다. 배움의 열정이 가득차면 모든 사람이 멘토로 보이기 시작합니다. 삼척동자에게도 배울 것이 있다는 말은 배움의 열정을 대변한 것입니다. 심지어 사물과 자연도 멘토가 될 수 있습니다. '멘토가 되었으면 좋겠다'는 사람이 있다면 망설일 필요가 없습니다. 과감히 그를 찾아가 도움을 구하십시오. 당신이 얼마나 열정에 가득 차있는지를 드러내십시오. 당신이 어떤 철학과 정신으로 이 삶을 살아가고 있는지 당신의 스토리를 전달해 보십시오. 당신의 진정성이 멘토의 마음의 문을 열 것입니다.

멘토와 멘티의 관계는 사적 결탁이 아니라 철학과 가치를 공유해야 건강하고 오래갑니다. 지연, 학연, 혈연 등과 같은 정서적 친밀감이 관계를 발전시키는 것은 아닙니다. 지적 네트워크로서 가치의 공유가 있어야 창조적이고 지속적인 파트너가 될 수 있습니다. 이렇게 하려면 리더로서 당신 자신의 정체성을 명료히 하고, 공동의 꿈과 이상을 발견하며, 스스로를 연마하는 일을 멈추지 않아야 합니다. 이런저런 염려일랑 벗어던지고 당장 스승이 될 만한 사람을 찾아 그 앞에 가까이 앉으십시오. 우파니샤드!

### 덧글

리더십개발이 일상의 경험에 있음을 통찰한 연구가들은 맥콜(MacCall), 롬바르도(Lombardo), 모리슨(Morrison)같은 학자들입니다. 그들은 다양한 경영자들과의 인터뷰와 서베이를 통해 리더십 개발의 중요한 경험을 66개의 사건으로 나누고 각각으로부터 1,547개의 교훈점을 정리했습니다.[90] 66개의 사건들은 크게 나누어 보면 다섯 가지로 범주화됩니다. 첫 번째, 어떤 일의 시작단계에서의 경험(setting the stage)입니다. 커리어 상에서 최초의 직무경험, 관리자로서의 첫 경험 등은 극적인 도전의 경험을 제공합니다. 두 번째는 설득을 통해 타인을 리딩하는 데서 오는 경험(leading by persuasion)입니다. 타스크포스팀에 참여하거나 프로젝트를 수행하는 일 등은 단기간 내 원하는 결과를 만들기 위해 주요한 문제들과 싸워야 하는 경험들을 제공합니다. 세 번째는 조직의 위계상 리더 역할을 하는 경험(leading the line)입니다. 리더의 역할은 이전과 달리 과업의 범위를 넓혀 일해야 하고, 사업의 방향을 전환하거나 새로운 사업을 시작하는 등 보다 완전한 리더십을 발휘해야 합니다. 네 번째는 상사와의 경험(when other people matter)입니다. 좋은 상사는 물론 까다로운 상사와의 경험 역시 중요한 성장의 기회를 제공합니다. 다섯 번째는 혹독한 시련(hardship)입니다. 개인적인 상처, 승진에서의 탈락, 직무의 변화, 사업의 실패, 구성원의 성과문제 등을 해결할 때입니다.

이 모든 경험들은 한마디로 안전지대를 벗어나는 일일 뿐 아니라, 그로부터 깊은 숙고를 통해 교훈을 발견하는 경험입니다. 기존에 가지고 있었던 지식이나 경험만으로는 해결할 수 없는, 그래서 새로운 지식과 역량을 축적해야만 하는 일입니다. 그러니까 재능을 개발하는 최고의 경험은 '자발적 고난의 설계'라고도 할 수 있습니다. 혹 그럴 자신이 없다 해도 다가오는 고난을 피하지 말고, 거기서 배우는 일을 시도해야 자신을 더 성숙한 개인으로 고양시킬 수 있습니다. 해볼 필요가 있지 않겠습니까?

- 그동안 받아왔던 '리더십 교육'을 되돌아보자. 교육과 관련한 경험 중 어떤 요인이 당신의 리더십 개발에 실질적인 도움을 주었는가?

- 변혁적 학습의 세 단계를 자신이 경험한 것과 대조하여 설명해보자. 그 과정에서 당신이 얻은 것은 무엇인가? 이 경험을 다시 하려면 어떤 준비가 필요한가?

- '메타노이아'가 구체적으로 당신의 경험 속에서 어떤 체험에 해당한다고 할 수 있는가? 주변 사람들의 경험을 들어보고 이런 학습의 핵심원리가 무엇인지 정리해보자.

- 현재의 리더십 역량에 결정적인 역할을 한 사건, 경험을 떠올려보라. 왜 그것이 결정적 경험이 되었는가?

- 자신의 성장을 위해 자발적 고난을 설계한다면 무엇을 해볼 수 있는가?

- 객관적 사실이 아니라 자기 고백적 이야기를 글로 쓰려면 당장 무엇을 시작해 볼 수 있는가?

- 주변에 멘토가 있는가? 어떤 도움을 받고 있는가? 그 경험이 더 실효를 거두려면 어떤 노력이 필요한가?

- 새로운 멘토를 찾는다면 누구라고 생각하는가? 어떻게 관계를 설정할 것인가?

- 누군가가 당신이 멘토이길 원한다면 어떤 기분인가? 어떻게 도움을 줄 생각인가?

- 지속적이고 꾸준하게 리더십을 개발하기 위해 일상적으로 반복해야하는 좋은 루틴이 있다면 무엇인가? 그 구체적 계획을 세워보자.

# 영웅을 고대함

## 1

리더들에게 물었습니다.

"당신에게 돈, 건강, 가족 이 세 가지를 압도하는 삶의 가치가 있나요? 무엇인가요?"

사람들은 이러저런 이야기를 했지만 이야기는 뱅뱅 돌더니 다시 이 세 가지를 뛰어넘는 삶의 가치들에 대해 소신 있게 말하지 못했습니다.

"그럼 진심으로 열정을 불러일으키는 일은 무엇인가요?"

두 번째 질문에 대해 사람들은 영화보기, 게임하기, 여행하기, 바둑 두기, 아이들과 놀기, 책보기…. 라고 말했습니다. 첫 질문은 우리의 의식을 채우고 있는 것이 무엇인지, 두 번째 질문은 우리가 어떤 일에 흥미를 갖고 대부분의 시간을 보내는지에 대한 물음이었습니다. 옳고 그른 것이 어디 있겠습니까만, 듣는 내내 왠지 우울한 기분이 드는 것은 우리 안에 자기 삶과 시대를 구원하는 영웅, 그 리더가 없다는 것, 그를 살려낼 의지가 사라진 것은 아닌가 하는 우려 때문이었습니다. 니체는 이렇게 말했습니다. [91]

'사람은 극복되어야 할 그 무엇이다. 너희는 사람을 극복하기 위해 무엇을 했는가? 지금까지 존재해 온 모든 것들은 그들 이상의 것을 창조해왔다. 그런데도 너희는 거대한 밀물을 맞이하여 썰물이 되길 원하며, 사람을 극복하기보다 오히려 짐승으로 되돌아가려 하는가?'

인간이 도달할 수 있는 최고의 삶은 영웅적인 삶입니다. 리더십과 관련한 모든 이야기는 사실 영웅들의 이야기입니다. 많은 사람들의 행복에 기여하기 위해 자신을 극복하고 공동체의 미래를 밝히는 일입니다. 누가 누구에게 이런 삶을 강요할 수 있겠습니까? 하지만 리더의 역할을 하고 있다면 설령 그 과정에서 좌절할지언정 밋밋한 행복대신 영웅적 삶을 살아볼 필요가 있는 것은 아닐까요?

이는 사회적 책임을 감당하려는 결연한 의지에서 시작됩니다. 난관을 뚫고 사람들에게 희망을 주기로 결단한다면 가능한 일입니다. 왜 어떤 사람들은 억지 같은 일에 뛰어드는 것일까요? 자기를 희생해야 할

지도 모르고 손실을 입을 것도 뻔한데, 달리 보상이 없을지도 모르는데, 왜 무모한 일에 나서는 것일까요? 리더십과 관련한 수많은 연구와 이론들이 정작 밝혀야 하는 것은 바로 이것입니다.

인류역사의 오랜 현인들이 삶의 고난과 고통 속에서 마침내 최종적으로 발견한, 한결같은 삶의 태도는 다름 아니라 케노시스(kenosis; 자기버림)과 컴패션(compassion; 긍휼)이었습니다.[92] 그들은 상아탑에서 명상한 것이 아니라 전쟁과 폭력으로 얼룩진 잔혹한 사회 속에서 우리와 똑같이 공포와 두려움을 경험했지만, 두려움 때문에 자기를 쪼그라뜨리는 선택은 하지 않았습니다. 공적 세계를 저버리고 사적 세계로 도주하는 것 같은 초라한 탈출을 꿈꾸지 않았습니다. 그것은 스스로를 괴롭히는 망상이라는 것을 알았습니다. 대신 그들은 모든 이를 향한 자비와 사랑을 실천함으로써 사람들의 고통과 함께하기를 택했습니다. 저는 이 사실이 리더십, 다시 말해 우리 삶에 매우 중요한 통찰을 제공한다고 생각합니다. 배움과 깨달음의 끝은 자신과 세상을 향한 사랑입니다. 이는 자신과 타인들의 고통에 뛰어들어 구체적인 도움을 주는 행위입니다. 이를 깨달은 사람들은 새로운 지평을 열어 존경받는 리더가 되었지만, 그렇지 않은 사람들은 결국 리더십을 잃고 초라하게 무대 뒤로 사라졌습니다. 그러니 그럴 마음이 없다면 주저하지 말고 리더가 되는 일을 내려놓으면 됩니다. 그게 자신을 위해, 모두를 위해 합당한 일입니다.

# 2

앎과 삶 사이에는 거리가 있습니다. 알지만 하지 못하는 일도 있고, 하겠다고 약속했지만 하지 않는 것들도 있습니다. 하지만 이러저러한 이유로 앎과 삶의 분리가 있을 때 우리의 삶은 모순, 위선, 이중성, 기만이 쳐들어옵니다. 자신의 부덕이 드러난 셈입니다. 종종 이 문제를 의지박약이나 게으름 때문이라고 생각하면 정확한 진단이 아닙니다. 보다 근본적으로 이 앎과 삶 사이의 격차가 생기는 이유는 두 가지 때문입니다. 첫 번째는, 자신의 앎이 지적 유희에 머물러 있기 때문입니다. 알고 있다고 착각하거나 잘못 알고 있거나 깊이 고민하지 않은 앎은 머리에만 머물러 허공을 떠돕니다. 바른 앎, 다시 말해 치열한 앎이 있다면 그것은 삶과 분리될 수 없습니다.

두 번째는 아리스토텔레스 말한 '프로네시스(phronesis)' 즉, 실천적 지혜의 빈곤입니다. 사람인지라 이 격차를 피할 수는 없지만, 앎이 삶이 되려면 앎은 삶의 구체적 상황으로 뿌리내려 자신의 방식으로 재창조되어야 합니다. 이는 삶의 변수들을 통제하고 자신을 규제하며 창조적 방식으로 문제를 해결해 가는 실험을 반복할 때 실현됩니다. 스스로 앎을 숙고하지 못하면 목표, 계획, 전략이 사라지고, 인내, 여유, 유연성을 잃게 됩니다. 아리스토텔레스는 실천적 지혜는 분명한 목적으로서 행위의 좌표를 설정할 수 있는 도덕적 미덕(arte)과 결합될 때 비로소 가능하다고 보았습니다. 자신이 옳다고 믿는 것, 혹은 알고 있는 것을 삶으로 체현하고 싶다면, 어쩔 수 없는 현실을 탓하며 투덜이가 되거나 상황이 바뀌기만을 기다리기 전에, 자신의 앎이 올바르고 강건한지, 현실의 난관을 돌파할 수 있는 치열함이 있는지를 물어야 합니다. 리더십이 끝없는 이 과정의 연속인 이유입니다.

# 미주

1 Sara N. King, David Altman, & Robert J. Lee.(2011). Discovering the Leader in You: How to Realize Your Leadership Potential. Jossey-Bass.

2 Yukl, G. (2006). Leadership in organizations (6th ed.). Upper Saddle River, NJ: Pearson-Prentice Hall.; Northouse, P. G. (2007). Leadership: Theory and practice (4th ed.). Thousand Oaks, CA: Sage.

3 오토 샤머, 카트린 카우퍼.(엄성숙 옮김).(2015). 본질에서 답을 찾아라. 티핑포인트.

4 케사반 나이르.(2000). 성공 리더의 조건, 간디 리더십. 씨앗을 뿌리는 사람.

5 베르하르트. (박규호 옮김. 2002). 권력과 책임: 최고 리더십을 위한 반(反) 마키아벨리즘. 청년정신.

6 장자. (오강남 풀이).(2016). 장자. 현암사. pp.179~180.

7 이런 리더십을 보이는 리더들을 연구자들은 카리스마적 리더, 변혁적 리더라고 부른다. 이와 관련한 선두적인 연구를 한 사람들의 연구물은 다음과 같다. Bass, B. M. (1985). Leadership and Performance beyond Expectations. Free Press; Collier Macmillan. ; Burns, J. M. (1978). Leadership. New Yorker: Harper & Row.

8 리더의 자기희생에 관한 대표적 연구물은 다음과 같다. Choi, Y., & Mai-Dalton, R. R. (1998). On the Leadership Function of Self-Sacrifice. The Leadership Quarterly, 9, 475-501.

9 House. & Howell. (1992). Personality and charismatic leadership. Leadership Quarterly, 3(2), 81-108.

10 Choi, Y., & Yoon, J. (2005). Effects of Leaders' Self-Sacrifical Behavior and Competency on Followers' Attribution of Charismatic Leadership Among Americans and Koreans. Current Research in Social Psychology, 11(5), 51 - 69.

11 Choi, Y., & Yoon, J. (2005). 위 논문 참조.

12 Bennis & Nanos.(1985). Leaders: The strategies for taking charge. New York: Harper & Row.

13 Hickman.(1992). Mind of a Manager, Soul of a Leader. Wiley.

14 미셸푸코.(오생근 옮김. 2016). 감시와 처벌; 감옥의 역사. 나남.

15 이 접근의 대표적인 학자는 존 코터임. 자세한 내용은 다음의 책 참조. 존 코터. (2007). 기업이 원하는 변화의 리더. 김영사 (원제 : Leading Change 1996)

16 이 접근의 대표적인 학자는 번즈(Burns)로부터 시작되어 카리스마적 리더십, 변혁적 리더십이론으로 발전되었고, 이후 많은 각광을 받았음.

17 로버트 E. 퀸.(한주한, 박제영 옮김.(1998). Deep change or Slow death. 늘봄. p.143.

18 로버트 E. 퀸.(한주한, 박제영 옮김.(1998). Deep change or Slow death. 늘봄. p.38.

19 Spreitzer. G. M.(1995).Psychological Empowerment in the Workplace: Dimensions, Measurement, and Validation. The Academy of Management Journal. Vol. 38, p.1442-1465.

20 Robert E. Quinn.(2005). Moments of Greatness: Entering the Fundamental State of Leadership. Harvard Business Review. July - August.

21 에릭 에릭슨.(송제훈 역).(2015). 간디의 진리 : 비폭력 투쟁의 기원. 연암서가. pp 186~187.

22 French, J. R. P., & Raven, B. (1959). The bases of social power. In D. Cartwright (Ed.), Studies in social power. pp.150-167. Ann Arbor, MI: Institute for Social Research.

23 Lionel Trilling.(1972). Sincerity and Authenticity. Harvard University Press,

24 Falbe, C. M., & Yukl, G. (1992). Consequences for managers of using single influence tactics and combinations of tactics. Academy of Management Journal, 35, 638 - 652.

25 http://nlearners.org/ 윤정구 교수는 자기 자신에 대한 진실함(眞正性)이 타인의 마음속에 전달될 때 진정성(眞情性)이 느껴지고, 그것이 구체적 사실로 증명될 때, 진실(眞實)이 된다고 설명한다.

26 리더의 진정성에 관해서는 다음의 두 책을 참조함. 윤정구.(2015). 진성리더십, 21세기 한국 리더십의 새로운 표준. 라온북스.; 윤정구.(2012). 진정성이란 무엇인가, 소크라테스가 세상의 리더들에게 묻다. 한언.

27 다음의 논문을 참조할 것. Raymond T. Sparrowe. (2005). Authentic leadership and the narrative self. The Leadership Quarterly. 16. pp.419 - 439.; Gardner, William L., Avolio, Bruce J., Luthans, Fred., May, Douglas R., and Walumbwa, Fred. (2005)."Can you see the real me?"; A self-based model of authentic leader and follower development. The Leadership Quarterly, vol 16, pp 343 - 372.

28 Avolio., & Gardner. (2005). Authentic leadership development: Getting to the root of positive forms of leadership. The Leadership Quarterly. 16 (2005) 315 - 338.

29 자기규제에 관한 통상적인 정의는 a. 현재 상태와 b.자신이 원하는 바람직한 상태 사이의 차이를 평가하고, 이를 좁히기 위한 노력으로 정의한다. 참조: Stajkovic, A. D., & Luthans, F. (1998). Social cognitive theory and self-efficacy: Going beyond traditional motivational and behavioral approaches. Organizational Dynamics, 26, 62 - 74.

30 피터 센게.(강혜정 옮김).(2014). 학습하는 조직: 오래도록 살아남는 기업에는 어떤 특징이 있는가. 에이지지21.

31 플로우(flow)에 관한 메커니즘은 다음 책에서 확인할 수 있음. 미하이 칙센트미하이.(심현식 옮김).(2006). 몰입의 경영. 민음인.

32 제임스 M. 쿠제스., 배리 Z. 포스너.(정재창 옮김).(2018). 리더십챌린지(6판).

33 http://nlearners.org/gnuboard4/bbs/board.php?bo_table=nlearning&wr_id=1618&page=

34 애덤 그랜트. (윤태준 옮김. 2013). 기브 앤 테이크, 주는 사람이 성공한다. 생각연구소.

35 최정규. 이상수. 이진우. 김준홍. 김학진. 남창훈. 홍성욱. (2018).이타주의자-사피엔스에서 인공지능까지. 사회평론.

36 에리히 프롬.(강주헌 옮김).(2018). 자기를 위한 인간. 나무생각.

37 에리히 프롬.(임채영 옮김).(1995). 사랑의 기술. 도서출판 우레.pp 81~82.

38 Pauley, G. and McPherson, S. (2010). The experience and meaning of compassion and self-compassion for individuals with depression or anxiety. Psychology and Psychotherapy: Theory, Research and Practice, 83, pp. 129 - 143.

39 Barbara L. Fredrickson. (2004). The broaden-and-build theory of positive emotions. Philosophical. Transactions of Royal Society of London. 359, 1367 - 1377.

40 Richard E. Boyatzis, Melvin L. Smith., Nancy Blaizen. (2006). Developing Sustainable Leaders Through Coaching and Compassion. Academy of Management Learning & Education, 2006, Vol. 5, No. 1, 8 - 24.

41 Amy Edmondson.(1999). Psychological Safety and Learning Behavior in Work Teams. Administrative Science Quarterly, 44 (1999): 350-383.;https://real-leaders.com/linking -innovation-with-compassion

42 매튜 D. 리버먼.(최호영 옮김).(2015). 사회적 뇌 인류 성공의 비밀. 시공사.

43 강영안. (2005). 타인의 얼굴-레비나스의 철학. 문학과 지성사.

44 Kim Cameron, Carlos Mora, Trevor Leutscher, Margaret Calarco. (2011).Effects of Positive Practices on Organizational Effectiveness. The Journal of Applied Behavioral Science. August.

45 https://www.ted.com/talks/karen_armstrong_let_s_revive_the_golden_rule/ transcript?About&language=ko

46 https://charterforcompassion.org/

47 Melwani S1, Mueller JS, Overbeck JR.(2012). Looking down: the influence of contempt and compassion on emergent leadership categorizations. Journal of Applied Psychology. 2012 Nov:97(6):1171-85.

48 Frost, P.J., Dutton, J.E., Worline, M.C. and Wilson, A.(2000). Narratives of compassion in organizations. Emotion in organizations, 2, pp.25-45.

49 Lilius, J.M., Worline, M.C., Maitlis, S., Kanov, J., Dutton, J.E. and Frost, P.(2008). The contours and consequences of compassion at work. Journal of Organizational Behavior, 29(2), pp.193-218.

50 Goetz, J. L., Keltner, D. and Simon-Thomas, E.(2010). Compassion: an evolutionary analysis and empirical review. Psychological bulletin, 136(3), p.351.

51 Allen & Leary.(2010). Self-Compassion, Stress, and Coping. Soc Personal Psychol Compass. 2010 Feb 1; 4(2): 107 - 118.

52 Dweck, Carol S.(2007). Mindset: The New Psychology of Success. Ballantine Books.

53 Manz, C. C. (1986). Self-leadership: Toward an expanded theory of self influence processes in org; Manz, C. C., & Sims, H. P., Jr. (2001). The new Superleadership: Leading others to lead themselves. Berrett-Koehler.

54 Kerr, S., & Jermier, J. M. (1978). Substitutes for leadership: Their meaning and measurement. Organizational Behavior & Human Performance, 22(3), 375 - 403.

55 배리 슈워츠, 케니스 샤프. (김선영 옮김). (2012). 어떻게 일에서 만족을 얻는가: 영혼 있는 직장인의 일 철학 연습. 웅진지식하우스.

56 Weiss, H. M., & Cropanzano, R. (1996). Affective events theory: A theoretical discussion of the structure, causes and consequences of affective experiences at work. In B. M. Staw, & L. L. Cummings (Eds.), Research in Organizational Behavior, vol. 18. (pp. 1 - 74). Greenwich, CT7 JAI Press.

57 김용옥.(2012). 맹자 사람의 길 (상). 통나무.

58 에른스트 캇시러.(최명관 옮김. 2008). 인간이란 무엇인가. 창.

59 Mowday, R.T., Steers, R. M., & Porter, L. W. (1979). The measurement of organizational commitment. Journal of Vocational Behavior, 14(2), 224-247.

60 Meyers, J.P., Stanley, D.J., Herscovitch, L., and Topolnytsky, L. (2002). Affective, Continuance, and Normative Commitment to the Organization: A Meta-Analysis of Antecedents, Correlates, and

Consequences. Journal of Vocational Behavior, 61(1), 20–52. p. 22.

61 심리학과 경영학의 많은 연구결과는 급여, 인센티브 같은 외재적 동기요인은 높은 열정을 유지하는데 큰 역할을 하지 못하는 것으로 나타난다. 그 이유는 첫째, 외재적 보상이 내재적 보상을 파괴하기 때문이며, 둘째, 외재적 보상은 일시적인 효과만을 주기 때문이다. 그리고 무엇보다 인간심리의 복잡성을 감안할 때 외적 보상에만 의존하는 동기부여 방안은 실효가 없기 때문이다. 그보다는 자신의 일에 대한 목적의식(의미감), 자율성, 유능감, 즐거움 등이 동기의 보다 근본적인 요인으로 나타난다.

62 Lips-Wiersma, M. & Morris, L. (2009), Discriminating Between 'Meaningful Work' and the 'Management of Meaning', Journal of Business Ethics 88:491 - 511.

63 아리스토텔레스.(천병희 옮김).(2013). 니코마코스 윤리학. 숲.

64 Robert E. Quinn and Anjan V. Thakor. (2018). Creating a Purpose-Driven Organization. Harvard Business Review. July - August.

65 기업의 성장률과 관련해서는 딜로이트 컨설팅의 보고서를 참조할 것, https://www2.deloitte.com / us/en/insights/topics/marketing-and-sales-operations/global-marketing-trends /2020/ purpose-driven-companies.html. 또한 고객들의 인식변화와 관련하여 고객들은 기업브랜드를 평가할 때, 1)그 기업이 구성원들을 어떻게 다루는지(28%), 2)환경을 어떻게 다루는지 (20%), 그리고 3)지역사회를 얼마나 돕고 있는지(18%)에 주목하고 있다. 출처: https://www2.deloitte.com /global/en/blog/global-trends-in-tmt/2019/deloittes-2019-global - mobile-consumer - survey. html.

66 Garton & Mankins. (2015). Engaging Your Employees Is Good, but Don't Stop There. Harvard Business Review. Dec. 09.

67 https://moneys.mt.co.kr/news/mwView.php?no=2018091008378051825&type=4&code =w0405& code2=w0100

68 https://news.joins.com/article/14315032

69 http://www.newstomato.com/ReadNews.aspx?no=772020

70 https://www.gallup.com/workplace/238079/state-global-workplace-2017.aspx

71 윤석철.(2011). 삶의 정도. 위즈덤하우스.

72 Camere.C., Babcock.L., Loewenstein.,G., Thaler.,R.(1997).Labor supply of new york city cabdrivers: one day at a time. The Quarterly Journal of Economics, May.

73 근본적 귀인 오류(fundamental attribution error, FAE)는 관찰자가 다른 이들의 행동을 설명할 때 상황 요인들의 영향을 과소평가하고 행위자의 내적, 기질적인 요인들의 영향을 과대평가하는 경향을 말한다. 즉 사람들은 다른 사람의 행동의 원인을 그 사람이 처한 상황의 조건보다는 그 사람의 성격이나 능력, 동기, 태도, 신념 등에 돌리는 경향이 있다. 이 현상은 사람들이 다른 사람을 관찰할 때 상황보다는 개인에 초점을 맞추는 데 그 원인이 있다.

74 피터센게.(강혜정 옮김, 2014). 학습하는 조직 : 오래도록 살아남는 기업에는 어떤 특징이 있는가. 에이지 21. pp. 359~362.

75 정약용.(다산 연구회 엮음. 2005). 정선 목민심서. (원제 ; 牧民心書 1818.) 창비.

76 Robert Kelley.(1988). In Praise of Followers. Harvard business review. Nov.

77 크리스토퍼 피더슨, 마틴 셀리그만.(문용린, 김인자. 원현주 옮김, 2009). 긍정심리학의 입장에서 본 성격 강점과 덕목의 분류. 한국심리상담연구소. 이 덕성과 관련해서는 다음의 싸이트를 통해 무료로 검사를 받을 수 있다. http://www.viastrengths.org

78 리더십의 과학적 연구들은 처음 '특성이론', '행동이론', '상황이론'의 순으로 발전해 왔다. 이들은 각각 이전의 이론들이 가진 한계를 극복하면서 발전해 왔지만, 엄밀히 이전의 이론을 다 극복한 것은 아니다. 각각의 이론들은 새롭게 통합되고, 변형되면서 재해석되어 왔다고 할 수 있다. 그러므로 '특성이론'이 낡고 비과학적이라고 주장하는 것은 그다지 근거가 없다. 오히려 리더십 개발 측면에서 보면 이런 특성들을 어떻게 수련해야하는가라는 측면에서 여전히 실제적인 이론이라고 볼 수 있다.

79 Robert Kegan and Lisa Lahey.(2001). The Real Reason People Won't Change. Harvard Business Review. Nov.

80 케빈 켈리.(이충호, 임지원 옮김, 2015). 통제불능; 인간과 기계의 미래 생태계. 김영사.

81 https://en.wikipedia.org/wiki/Orpheus_Chamber_Orchestra

82 스탠리 맥리스털, 탠텀 콜린스, 데이비드 실버먼, 크리스 퍼셀.(고영훈 옮김, 2016). 팀오브 팀스. 이노다임 북스.

83 Ruth Wageman., Richard Hackman., Erin Lehman. (2005).Team Diagnostic Survey Development of an Instrument. The journal of applied behavioral science. Vol. 42. p.373-398.

84 Mezirow, Jack. (1991). Transformative Dimensions of Adult Learning. San Francisco: Jossey-Bass.

85 데이비드 봄. (강혜정 옮김). (2012). 창조적 대화론. 에이지21.

86 하워드 가드너.(2018). 각성의 순간. 사회평론.

87 짐 콜린스.(이무열 옮김). (2002). 좋은 기업을 넘어 위대한 기업으로. 김영사.

88 지그문트 바우만.(2009). 액체 근대 (원제 : Liquid Modernity). 강.

89 McCall., Lombardo. & Morrison.(1988). Lessons of Experience: How Successful Executives Develop on the Job Free Press.

90 McCall., Lombardo. & Morrison.(1988). Lessons of Experience: How Successful Executives Develop on the Job Free Press.

91 프리드리히 니체.(정동호 옮김). (2000). 차라투스트라는 이렇게 말했다. 책세상. p.17

92 카렌 암스트롱.(2010). 축의 시대; 종교의 탄생과 철학의 시작. 교양인.